出门一笑大江横

黄庭坚词传

周承水 —— 著

中国文史出版社

图书在版编目（CIP）数据

出门一笑大江横：黄庭坚词传 / 周承水著．—北京：中国文史出版社，2019.1

ISBN 978-7-5205-0651-9

Ⅰ．①出…　Ⅱ．①周…　Ⅲ．①黄庭坚（1045—1105）—人物研究　Ⅳ．①K825.6

中国版本图书馆CIP数据核字（2018）第253575号

责任编辑：徐玉霞

出版发行：中国文史出版社
网　　址：www.chinawenshi.net
社　　址：北京市海淀区西八里庄69号院　　邮　　编：100142
电　　话：010-81136606　　81136602　　81136603（发行部）
传　　真：010-81136655
印　　装：廊坊市海涛印刷有限公司
经　　销：全国新华书店
开　　本：32开
印　　张：8.75
字　　数：300千字
版　　次：2019年3月北京第1版
印　　次：2019年3月第1次印刷
定　　价：42.00元

自　序

写黄庭坚词传，并非心血来潮，而是由来已久。

因为，黄庭坚与我的家乡鄂州有着很深的文化渊源。在鄂州这片山青水秀的地方，他在贬谪宜州前夕，曾在武昌城南寓居了一年多的时间。

鄂州市西山风景区千年名楼松风阁，是他命名并亲笔书写"松风阁"三个大字。在夜宿松风阁时，他听松涛而成韵，创作了千古绝唱《武昌松风阁诗》，并挥毫写下了《武昌松风阁诗卷》，成为中国书法史上第九大行书。

2016年，鄂州市斥巨资重新修缮松风阁，我受托负责文化布置顾问。因此，我在黄庭坚的"江海"里进行了一次"航行"，并拜谒了修水双井黄氏故里。也因此开始了黄庭坚词传文字的跋涉。

唐有李杜，宋有苏黄。

黄庭坚，这位北宋时期的大书法家、大诗人、大词人，开创了中国诗歌史上光芒四射的"江西诗派"，他虽然出自苏轼门下，与秦观、张耒、晁补之并称为"苏门四学士"，但因其诗词歌赋出众，与苏轼齐名，被文学史家称为"苏黄"。其书法被史学家称为"苏黄米蔡"。

在他的身上，我们能读出北宋的味道。那是一个党争不断的时代，也是一个文化复兴的春天。

生于北宋时代的黄庭坚，就像屈原生于楚国，阮籍生于魏晋，李白生于大唐，他们是历史的悲哀，也是历史的荣幸。

他不刻意为诗，而诗为一代宗师；不刻意为词，而词为一代高手；不刻意为文，而文名享誉九州；不刻意参禅，而禅心融其一生。他言为心音，行为心事，人在尘世中，心在五行外。他倡导"诗词高胜，要学从问中来"，"以故为新，以俗为雅"。他的创新力让人羡慕而惊讶。在当时，陈师道说："今代词手，惟秦七、黄九尔，唐诸人不逮也。"

于散文，他肩比韩柳；于诗作，他开宗立派；于书法，他列为宋四家；于诗论，他创"脱胎换骨"法门。他词如其人，人如其词，词里有人生，人生在词里。

自成江海的他，随便舀起一瓢，就能灌溉一片田地。他最成功的作品，不是《念奴娇·断虹霁雨》，不是《流民叹》，不是《武昌松风阁诗卷》，也不是"兰、蕙辨别第一人"的雅号，而是他自己。是他那笑对坎坷、迎风听笛、宠辱不惊、坐看风云的人生境界。

他一介儒生，下笔千言，汪洋恣肆，做起官来却是一波三折，仕途坎坷。他很不幸，命运多舛，屡遭贬谪，身在异乡为异客。贬谪是他政治生涯的低谷，也是他文学艺术的升华。后人因他的"不幸"而倍感"有幸"。假设他躬逢圣朝，幸遇明主，无灾无难到公卿，生前位高权重，死后备受哀荣，那么北宋只不过多了一位能诗善词的帮闲文人，而失去的将是鄂州的《武昌松风阁诗卷》，荆州的《承天院塔记》，黔州的遣怀词、戎州的怡情诗、宜州的文化风。远在江湖砺心志，古来贬官多妙文。贬谪文化是苦涩的，但又最能经得起时间的考验。他的作品验证了赵翼的观点："国家不幸诗家幸，赋到沧桑句便工。"

他应对贬谪和迫害的力量是：儒家固穷的坚毅精神，佛家参禅的平和心态，道家无为的随遇而安。他把儒释道糅合在躬，言传身教，形成了一种独特的文化现象，在他曾经走过的土地上，定格成了一道独特的文化风景。

诗言志，词抒情。黄庭坚的词，常人多以"艳歌"而诟病之，仿佛他的词作，全是"短歌宜舞小红裳""红裳剥尽看香肌"。小瑕不掩真玉。如果我们翻一遍《山谷词》就会发现，这种印象与事实相去甚远。清代文学家刘熙载在《艺概》中的评语，可谓慧眼识珠："黄山谷词，用意深至，自非小才所能办。"

他的词，表达了自己的爱好、兴趣、欢乐、痛苦，反映了他所处的那个时代跳动的脉搏。

雅俗并存，是黄词的特点之一。他那些运用口语、俗语写的词，特别是那些全用口语、俗语写的通俗词，情真意切，韵味无穷。

内容丰富，是黄词的特点之二。他的词，题材多样，记游、写景、怀古、赠答、送别、说理、谈禅、咏物、男女恋情都有，可谓"无意不可入，无事不可言"。

自具面目，是黄词的特点之三。他的《念奴娇·断虹霁雨》，洋溢着豪迈气概，"可继东坡赤壁之歌"的豪放之作；他的《清平乐·春归何处》，清新俏丽，婉约动人。

走近黄庭坚，可以体味到贤者的苦乐年华和家国情怀。

有真性情，方有真文字。苏东坡说，黄词"超轶绝尘，独立万物之表；驭风骑气，以与造物者游"。他的词，犹如屈原的《离骚》、阮籍的《咏怀诗》、李白的《将进酒》，心中所想，都流入笔端，可谓文以性近，异代通心。他以诗为词，以词为诗。读他的词，可以怡情养性，可以思接千载，可以徜徉山水，可以坐看云起，可观佛光禅韵……

我崇尚诗无常式，文无定法。本书的叙述，以"词的眼睛"去探寻，以"词的视角"去发现。从黄庭坚一百八十多首词折射的"点"而连接成"线"，用"线"而勾勒出"面"，使"点"具有经典性，"线"具有延续性，"面"具有代表性，通过点线面的有机结合，再现黄庭坚的梦想、追求，诗才、书艺，思想、观念，以及宦海的沉浮。

愿我的这本小书，能送给您些许思考。

周承水

2018 年 5 月于湖北鄂州

目　录

一、无力蔷薇带雨低，多情蝴蝶趁花飞

浣溪沙

无力蔷薇带雨低，多情蝴蝶趁花飞。流水飘香乳燕啼。

南浦魂销春不管，东阳衣减镜先知。小楼今夜月依依。

——黄夫人李氏《浣溪沙》

宋代虽然是以兵起家，但是自宋太祖赵匡胤以后的历朝皇帝却十分推崇文治的功夫，优待读书人，不轻杀文臣。宋朝君臣都十分明白一个通俗的道理，"可马上得天下，安能马上治天下"，所以，崇文抑武之风甚盛，科举考试渐渐攀上高峰，"学而优则仕"，入仕途者日益增多，文臣地位日益提高。

北宋文臣士人，于国家、社会和人生等诸多问题，开始出现一种忧愁意识，这种忧愁，随着时间的推移越发显得沉重，呈现出了一种"幽暗意识"。这种意识的群体主要集中在文臣士子之间，他们对国家、社会的无尽关心，往往和政治仕途上的坎坷历程相伴，他们对人生的态度在大多时候是忧郁感伤的，他们的主要问题是陷入了一种两难的境地，即文与道的无穷纠缠。

在这方面，黄庭坚的心路历程，恰恰释放了这一幽暗的况味。

洪州分宁，古为豫章之地。春秋战国时属楚，汉高祖刘邦分淮南国置豫章郡。

分宁为唐太宗贞观十五年（641年）所建，当时分武宁八乡设置此邑，故名分宁县。

宋仁宗庆历五年（1045年）六月十二日，洪州府分宁县（今江西修水县）高城乡双井里一个仕宦家中诞生了一个婴儿，他就是后来在中国文化史上产生重要影响的黄庭坚。

黄庭坚出生后，父亲黄庶为他取名庭坚，以鲁直为字。"庭坚"相传是上古时代帝颛顼高阳氏后裔中的人名。以庭坚为名，包含着望子成龙、将来能出人头地的愿望。

黄庭坚童年时代就显示出聪明过人的特点，有很好的记忆力。五岁的时候，他已经能背诵《诗》《书》《礼》《乐》《易》五经之书。一天，他问教他读书的先生道："人言《六经》，何读其五？"先生告诉他："《春秋》不足读！"黄庭坚不同意教书先生的观点，他说："这是什么话啊？既然是《经》书之一，为什么不读呢？"于是，他用了十天的时间就把《春秋》一字不落地背诵了出来。

有一次，黄庭坚的舅父李常来到黄家私塾，看到书架上的书帙杂乱不整，像是经常翻动的样子，于是随便抽出一本书，试问黄庭坚一些问题。黄庭坚对答如流，李常当时大为惊讶。心想，这孩子是个奇才，将来前途不可限量。

黄庭坚很小的时候就开始学习写诗填词。他七岁时写的一首《牧童诗》，当时在双井广为流传：

骑牛远远过前村，短笛横吹隔陇闻。
多少长安名利客，机关用尽不如君。

七岁的少年能有如此的诗才与颖悟能力，用语浅白却寓意不凡。夕阳西下时分，牧童吹着短笛，在斜风中归去，何等安闲自适。回想起来，多少追名逐利之徒，机关算尽太聪明，处心积虑地结党营私，在名利中沉沦挣扎，反而把最重要的本真给迷失了，怎么比得上牧童深味自然禅趣、与世无争，恬淡自怡呢？体现了他的出世思想。

我们不会忘记，唐武德九年（626年）夏天，时年七岁的骆宾王，站在池塘边，面对一群戏水的白鹅，而被长辈要求即兴吟咏，他不假思索，脱口而出："鹅、鹅、鹅，曲项向天歌。白毛浮绿水，红掌拨清波。"这首临池而作的涂鸦小诗，易懂好记，朗朗上口，千百年来一直为儿童启蒙的阅读范例，拥有超过了十亿甚至更多的读者。因为一首小诗，亲戚朋友们的众口相传，成为远近闻名的神童。中国是 个盛产神童的国度，神童也常常被当作学习的标杆。俗话说三岁看大，七岁看老。从黄庭坚的少年天赋来看，他似乎拥有鲜花铺路、前程似锦的辉煌未来。但令人遗憾的是，这个才智早慧的神童，后来却成为仕途坎坷，一贬再贬的"罪臣"，命运并不比骆宾王强多少。

他八岁时写的一首《送人赴举》，更是思路新奇，别具匠心：

> 青衫乌帽芦花鞭，
> 送君归去明主前。
> 若问旧时黄庭坚，
> 谪在人间今八年。

此诗视野之大，口气之大，足以令人惊讶。送人赴京考取功名，不说祝颂之语，却讲自己的抱负，又充分表现出了儿童未受尘世俗气污染的纯洁之心和强烈的个性意识，体现了黄庭坚入仕的远大志向。

这两首诗，前者出世，后者入世。他此后的人生历程，一直在入世与出世的情感中纠缠。这两条路，他走得异常艰难。

黄庭坚十四岁时，其父黄庶病逝于康州任所，从此，他失去了父爱和良好的教育环境。接下来，他只能靠自己的勤学苦修来实现自己的功名。

黄庭坚出生于书香门第。父辈、祖父辈贤者迭出，使童年的黄庭坚得以家学熏陶。在先辈中，对黄庭坚影响最大的莫过于其父黄庶。《四库全书总目提要·伐檀集》是这样评说黄氏父子诗学传承的："江西诗派奉庭坚为初祖，而庭坚之学韩愈，实自庶先倡。"又谓父子之诗"生新矫拔则取径略同，先河后海，其渊源要有自也"。胡汉德在《伐檀集》跋中说："窃意文学之于人亦如气类使然，汉之史迁之有史谈，刘歆之有刘向，班固之有班彪，即宋眉山之有老泉，尚已，公（庶），山谷公父，今读其诗文，雄奇峭拔，令人意境一新，诚不减如前所谓……沉潜玩味，愈识渊源之有自。"以上的两段评语，道破了黄庶对儿子的影响以及父子在文学方面的关系。

青年时代的黄庶便立下了为国立功建业的抱负，自谓"我生南方长诗书，爱国区区肺如炙。欲于塞外勒姓名，往往夜梦贺兰石。"庆历二年（1042 年），二十五岁的黄庶中进士。仕途蹭蹬，不被重用，少年壮志并未实现。十余年的仕宦生涯使他看到了官场上的铜臭，也认识到了仕途失意的原因，但他不愿改变特立独行的性格，成为一个趋炎附势的庸吏，因此在磨去早年书生意气的同时，又陷入痛苦的矛盾之中。后来，他只谋得个康州（今广东德庆市）知州一职，嘉祐三年（1058年）死于任所，享年四十一岁，可谓英年早逝。

黄庶同古代绝大多数文人士子一样，每当仕途失意，升职无望之时，便寄情于诗文，发抒感慨，实现心理平衡。皇祐五年（1053年）暮冬，黄庶将平时所作诗文自编成集，取《诗经·魏风》中的《伐檀》篇为集名。他在《上杨舍人书》中曾谈及入仕境遇说："得一官，六年视职才五月，入俸才三万，而困扰百端交来，其姓名隶于国，而身实居于闲，无用之处，故未能忘乎笔墨也。"当官六年才上五个月的班，这种官当得实在无聊！这就是他诗文创作的历史背景。

黄庶的教导熏陶、耳提面命和有意濡染，给黄庭坚留下了不可磨灭的印象，并直接影响了后来的诗词创作。黄庭坚曾将父亲的诗书写并刻石，可见他成人之后，曾潜心研读过父亲的诗文，并且深悟精要，故能发扬光大父亲的诗歌风格，创造出了令世人瞩目的成就。陈振孙说，读黄庶的《伐檀集》，便知"庭坚诗律，盖有自来也"；曹勋在《跋黄鲁直书亚夫诗》中说："黄太史以诗专门，天下士大夫宗仰之，及观其父所为诗，则江西正脉，有自来矣。是父是子，呜呼盛哉！"陈、曹二人都认为，黄庶的诗风对黄庭坚的影响，潜移默化的。

黄庭坚的母亲李氏，是一位贤惠慈爱而有远见的非凡女子，有着良好的家庭教养，可惜史书没有留下她的芳名。她嫁给黄庶之后，丈夫秉性刚直，仕途不顺，生活拮据，而她却无怨无悔，相夫持家，倾力子女。黄庶病逝后，她携子扶柩，将丈夫归葬双井。当时，黄庶的子女皆未成人，家境贫寒，但她仍坚持"遣子就学"，有人劝她让儿子辍学帮助维持生计，她坚决反对，宁可自己劳累困苦，也要让孩子们读书。

黄庭坚十五岁时，决定离开家乡，跟随舅父李常游学淮南。

在古代，文化讯息是十分封闭的，一个人要想通晓天下事，只有"行万里路"，才能成为饱学之士。正如孔子当年带着自己的学生周游列国而增长知识一样。因此，游学各地便成了那些想成为大学问家的士子们的不二选择。

李常（1026—1090），字公择，南康建昌县（今江西建昌）人，是北宋著名的学者兼藏书家，也是苏轼的挚友。苏轼在为李常写的《李氏山房藏书记》中说："余友李公择，少时读书于庐山五老峰下白石庵之僧舍……藏书凡九千余卷。公择既已涉其流，探其源，采剥其华实，而咀嚼其膏味，以为己有，发于文词，见于行事，已闻名于当世矣。"

秦观也称李常"好学强记，为文章捷敏，初若不经意，而比成灿然，属寓深远"。《宋史》本传说李常"有文集、奏议六十卷，《诗传》十卷，《元祐会计录》三十卷，可观其博能文，名闻当时"。

李常于宋仁宗皇祐三年（1051年）考中进士，便进入官场。嘉祐四年（1059年），朝廷任命他监涟水军，治所在今江苏涟水。次年赴任时，在同姐姐商定后，决定携带黄庭坚同行，一来有意开阔黄庭坚的视野，拜访名师，厚积学养；二来可减轻姐姐的生活负担，同时，自己还可以随时教导他，并加以培养。黄庭坚能有后来的文化修为，李常起了重要作用。

后来黄庭坚在《跋元祐间与三妗太君帖》中说："幼少从学外家"，"食贫随官南北"；在《跋王子予外祖刘仲夏更墨迹》中说："某十五六时，游学淮南间。"他多次提及游学淮南，可见他对舅父的感恩。

在游学离家的头一天晚上，黄夫人李氏打点完儿子外出所需衣物后，她把黄庭坚叫到跟前，将自己填写的一首词交给儿子。

黄庭坚接过折叠得整齐的宣纸，展开一看，一首母子情深的亲情词《浣溪沙》映入眼帘：

　　无力蔷薇带雨低，多情蝴蝶趁花飞。流水飘香乳燕啼。
　　南浦魂销春不管，东阳衣减镜先知。小楼今夜月依依。

此词的上片，道出了母亲对儿子的前程寄予的厚望，希望儿子像离巢的"乳燕"早日长大成人；下片道出了母亲不在身边，春去秋来添衣加裳无人照料的担心。

黄庭坚发现母亲不仅词写得情深意长，而一手工整的小楷字更是赏心悦目，崇敬之情油然而生。后来，黄庭坚将母亲这首密不示人的亲情词装裱在折扇上，天天携带在身边，以此作为对母亲的思念。

第二天早晨，一夜未眠的黄夫人李氏，料理弟弟李常和儿女们吃过早饭后，亲自把甥舅二人送到码头，登上远行的船。

当船缓缓离岸之后，黄庭坚站在船头，深情地望着母亲和弟妹们。

当船只快要绕出明月湾时，黄庭坚发现母亲和弟妹们仍然站在码头上向他不停地挥手。他想到母亲"南浦魂销春不管，东阳衣减镜先知"的词句，再也控制不住自己的情绪了，他咚的一声跪倒在船头上，望着码头上的母亲放声大哭，直到帆船穿过了分宁县城，李常才把他钟爱的外甥扶进船舱。

此时，黄庭坚是人在船中，心系母亲。后来，他在给友人的信中回忆说，这是他平生最为痛苦的离别，痛苦之状难以言说。他深知母亲为家庭、为儿女们付出了太多的艰辛，特别是父亲不幸去世后，母亲一夜之间鬓发斑白，突然衰老了许多。大家闺秀出身的母亲，在娘家时是远近有名的大美人，而且知书达理，能诗善词；嫁到分宁黄家之后，心闲时还偶尔填上一阕词，或写上一首诗，教育儿女们要多读书，要诗书传家。

母亲的言传身教，在黄庭坚童年的记忆里，打上了深深的烙印。

诉衷情

珠帘绣幕卷轻霜。呵手试梅妆。都缘自有离恨，故画作、远山长。

思往事，惜流光。恨难忘。未歌先敛，欲笑还颦，最断人肠。

——黄庭坚《诉衷情》

分宁山川奇崛，风景秀丽，西有幕阜山，其高千丈，广袤百里，翠峰叠嶂，树木茂密。发源于幕阜山麓的修水，偏北而来，于东南流经县治，通贯六百余里，下入彭蠡。周必大称"此山川最胜者也"。文乃翁在《马洲山谷祠记》中曾这样描述道：

大江以西，山水之秀，甲于天下，洪州分宁县，钟秀居多。

县有胜地曰马洲，与鹿洞、象山、鹅湖、鹭洲相颉颃。梅、樊二峰，东西相望，道山屹其南，凤山蹲其北，西江泓澄，秀水萦带，可方可舟，可咏可游，万竹筛青，一槐摆绿，洵此方之佳境也，阐英发奇，盖有所待矣。

黄庭坚自幼喜爱家乡这美丽的自然景色。修河两岸绮丽的风光，令人赏心悦目。然而，这一次出行，两岸的风光，丝毫没有勾起他的兴趣。他把一颗心留在了家中，留在了母亲的身边。眼前勾起他的情感是"思往事，惜流光，恨难忘"。"最断人肠。"

在交通仅靠舟车的古代，长途旅行是最费时光的，在一般情况下，一天至多只能走四五十里的路程。如果途中遇上刮大风或是下大雨，不是暂住馆驿，就是避居船舱，有时甚至不得不投宿乡村野店。滞留的时间，少则一两天，多则十几天也不为奇。分宁有民谣说："生来三分食住行，奔劳行走占两分。"道出了出行的困难。

李常和黄庭坚一行乘帆船换江舟，转陆路，他们沿途饱览山水秀色，感受异地风光，吃着他乡的饭菜，听着陌生的口音，这对于能诗善词的文人墨客而言，无疑是进入了诗情画意的美好境界。

秀色可餐，是文人墨客们的一句夸张之词，千万别去当真。诗词再美，终究是精神层面上的东西，既不能当饭吃，也不能当床睡。旅途劳顿可想而知。好在李常是现任官员，又是文章高手，他们一路穿州过府，不时有驿站迎进送出，或是有当地的同僚好友们接待。用今天的话讲，就是吃喝住宿，基本上不用自己掏腰包，而是公款消费。

当李常乘坐的帆船到达江州时，令初出乡村的黄庭坚大开眼界。因为，李常曾在江州担任过通判官，因此，那些曾经的同僚们或下级官员们，对李常一行的接待十分热情。一连几天，应酬不断。白天是酒楼茶馆大吃大喝，聊天叙旧；晚上是妓馆歌楼依红偎绿。声色犬马，挥金如土；诗词唱和，好不惬意！

涉世不深的黄庭坚，面对官场上的这种污浊风气，颇有些不以为然。这也难怪，一个十五六岁的少年书生，内心比较单纯。

一天晚上，他在歌馆听歌伎唱欧阳修的《诉衷情》"清晨帘幕卷轻霜"时，勾起了他对母亲的思念，于是摹仿欧阳修的词，填了一首《诉衷情》：

珠帘绣幕卷轻霜。呵手试梅妆。都缘自有离恨，故画作、远山长。

思往事，惜流光。恨难忘。未歌先敛，欲笑还颦，最断人肠。

黄庭坚这首从欧阳修《诉衷情》衍生出来的词，并没有多少新意，只不过是表达了他对母亲的思念之情而已。

到了江淮名都扬州之后，初出茅庐的黄庭坚才感到沿途州县的盛情接待与之相比，不过是小巫见大巫，也真正见识到了"淮左名州，富甲天下"的扬州有如人间的天堂。他不仅品尝到了天下闻名的特色菜肴，还对唐代张若虚"以孤篇横绝全唐"的《春江花月夜》所描绘的"江畔何人初见月，江月何年初照人。人生代代无穷已，江月年年只相似"有了更加深刻的感受。

在扬州逗留期间，黄庭坚天天随李常探亲访友，出席官方或私人举办的名目繁多的酒宴。他看到了扬州街市的繁华，看到了江南盐商巨贾富得流油，也看到了达官贵人过着醉生梦死的生活。然而，令他印象最深的是在"江春楼"歌馆倾听名妓红芸演唱欧阳修的词《蝶恋花》：

庭院深深深几许？杨柳堆烟，帘幕无重数。玉勒雕鞍游冶处，楼高不见章台路。

雨横风狂三月暮。门掩黄昏，无计留春住。泪眼问花花不语，乱红飞过秋千去。

在今人眼中，欧阳修在北宋词坛中的地位不如柳永、晏殊等人，这是一种词学的审美观问题。其实，他的词丝毫不亚于柳、晏等人的词。这首《蝶恋花》，词风深稳妙雅，韵味悠长。所谓深者，就是含蓄蕴藉，婉曲幽深，耐人寻味。此词首句"深深深"三字，前人尝叹其用叠字之工，也是全词特色所在。谁能说李清照《声声慢》中的"寻寻觅觅"叠字句不是受欧阳修此词首句的启示呢？黄庭坚尤爱欧阳永叔的词风，他有许多词作，"欧味"十足，有时甚至一字不落地套用永叔的词句。

欧阳修的这首词，景写得深，情写得深，意境也写得深。

经典词曲与樱桃小口、吴侬软语和花容月貌的珠联璧合，真是妙不可言，美不胜收，尤其是收尾的"泪眼问花花不语，乱红飞过秋千去"一句，更是情境两生，浑然天成，令人拍案叫绝。

一路走来，李常同黄庭坚多次谈到欧阳修这位当世的文坛巨匠，谈到欧文、欧诗独步天下，欧词也是当世一绝。

这是黄庭坚第一次零距离接触青楼歌女和听配乐演唱的词

曲，由此领悟到了"词抒情，声依律"的要诀。李常还告诉他，词原本就应是合作词谱的新体诗。因此，他联想到自己以前在分宁双井家中填写的一些词，不过是照着词牌格式创作的长短句，没有严格按照声律填写。此时，他还不明白，苏轼创作的那些不合词律的词，为什么大受青楼女子追捧传唱的道理。

过扬州转运河，而后上陆路西行。当他们途经六朝旧都金陵，眼看就要到达李常任职的地方宣州时，李常突然接到朝廷传来的快报，命他改任"权知楚州，监涟水军转盘仓"的新职位。中途的突然变故，原定带上黄庭坚游览石钟山和泛舟秦淮河的承诺，只好放弃了。

无奈之下，李常只好带领家人，前往淮南东路治下的新州府——涟水军进发。

涟水军北邻海州（今江苏连云港），南靠楚州、高邮和扬州。这些地方当时博学宏儒，层出不穷。

黄庭坚游学淮南，学业大进。这段经历在他的脑海里留下了很深的印象，后来在一些诗里多次提到过。

嘉祐六年（1061年）李常转官，黄庭坚随舅父离开了涟水，前往扬州。

黄庭坚在涟水的作品传世者极少，《山谷外集诗注》中之《溪上吟》，是在涟水时创作的，诗前有一段序言：

春山鸟啼，新雨天霁。汀草怒长，竹筱交阴。黄子观渔于塘下，寻春于小桃源，从此溪童、稚子、畦丁三四辈，茶鼎酒瓢、渊明诗篇，虽不命戒，未尝不取诸左右。临沧波、拂白石，咏渊明诗数篇，清风为我吹衣，好鸟为我劝饮。当其瀏然，无所拘系，而依依规矩准绳之间，自有佳处，明知白莲社中人，不达渊明诗意者多矣。过酒肆则饮，亦无量也，然未始甚醉，盖其所寓，与毕卓、刘伶辈同，而自谓所得与二子异，人亦殊不能知之也。酒酣得纸，书之为溪上吟。

短生无长期，聊暇日婆娑。

出门望高丘，拱木漫春萝。

试为省鬼录，不饮死者多。

安能如南山，千岁保不磨。

在世崇名节，飘如赴烛蛾。

及汝知悔时，万事蓬一窠。

青掯陵陂麦，妍暖亦已花。

长烟淡平川，轻风不为波。

无人按律吕，好鸟自和歌。

杖藜山中归，牛羊在坡陀。

本自无廊庙，正尔乐涧阿。

念昔扬子云，刻意师孟轲。

狂夫移九鼎，深巷考四科。

亦有好事人，时能载酒过。

无疑举尔酒，定知我为何。

这首五言古体诗，在艺术上并不是很成熟，与黄庭坚入仕后的作品也无法相比。但在立意高远、线索曲折、以禅人诗、好用曲故、下字措辞、句法组织等方面，已开始初步显露了黄庭坚诗词的部分特点。

诗前小序是一篇意境优美、语言精美的散文小赋，如写新雨之后的"汀草""竹筱"分别下一"怒长""交阴"，既符合春末夏初的季节特色，又给人以颖异奇崛之感，韵味无穷。

诗以议论开篇，首十二句感叹人生之短与世人之执迷，内含禅机，颇见作者的悟性灵根和思想早熟，言理而富形象。

中间八句写景，层次分明，色泽淡雅，动静互宣，声象相辅，描绘出一幅情趣盎然、令人陶醉的图画。

尾十句以自白与议论的形式，坦露作者无意仕途而倾心自然，安贫乐道的儒雅心态。全诗表现出作者拔世脱俗的境界，也显示了超越常人的艺术动力。

看不透人世浮沉、功名利禄，便是执着于人生的苦闷，最终会令自己身心俱疲。这首对人的启迪，以通达的胸怀、平和的心态来面对人生，这才是禅的智慧。

这一年的秋天，黄庭坚还写了一首《清江引》：

江鸥摇荡荻花秋，八十渔翁百不忧。
清晓采莲来荡桨，夕阳收网更横舟。
群儿学渔亦不恶，老妻白头从此乐。
全家醉著篷底眠，身在寒沙夜潮落。

这首七律，描绘了渔翁一家勤劳纯朴、恬淡自适的闲放生活，这无疑与仕途奔波、官场倾轧、名利角逐形成了强烈的对比，使诗充满了哲思理趣，令人回味无穷。同时也表现了作者对这种无所拘束、自由闲散、融入自然的生活的向往。

人的一生中，因为失意，由于坎坷，又或者困于时局，总有无数次的叹息。顺遂与成功往往瞬间即逝，而艰难与挑战却是需要长期面对的话题。人生的历程，剔除表面的、直观的物质浮华，更多地表现为看不见、隐晦的、难以言明的心路历程。所谓世上多有叹息声，皆因人间常生不平事。

唐诗妙境在虚，宋诗妙境在实。唐诗以气为主，宋诗以理为主。观黄庭坚《溪上吟》《清江引》，理胜于气。

两同心

巧笑眉颦，行步精神。隐隐似、朝云行雨，弓弓样、罗袜生尘。槛前见，玉槛雕笼，堪爱难亲。

自言家住天津，生小从人。恐舞罢、随风飞去，顾阿母、教窄珠裙。从今去，唯愿银缸，莫照离尊。

——黄庭坚《两同心》

北宋的"军"是一种准军管建制机构，最早起自于宋太宗时期。到了真宗朝之后，行政级别通常属于县团级，但其地位比一般的县治又重要一些，故其长官的职级通常比县令要高半级或一级，有点类似于我们今天常见的某市委常委兼任某县县委书记的模式。

李常和黄庭坚舅甥俩及随行人员，一路晓行夜宿，遇水路则乘船，逢旱路则乘马车，沿途访古探幽，游山玩水或访友探朋，加上路途中遇改官而来回折腾，总共历时三个多月，终于到达了新任职州府涟水军。

生平第一次长途旅行，沿途的风土人情，使黄庭坚感到一切都很新鲜，增长了不少见识。尤其是舅父一路上细心关照，在学问上深入浅出的悉心指点，更是让他受益良多，因此，缓解了些许对母亲和弟妹们的思念。

涟水位于淮河下游，因境内之水而得名。涟水境内平原千里，地势平坦，河流纵横，土地肥沃，是连接京城汴京与江淮、江南富庶之地的重要节点，历来是兵家必争之地。

李常此行轻车简从，没有随带家眷，抵达涟水军衙门后，他与黄庭坚一起住在官衙后的内舍。从家乡带来的一个随从和当地拨派的两个衙役倒也勤劳，把舅甥二人的饮食起居生活，安排得井井有条，使初次出门在外的黄庭坚多少有点居家的感觉。

李常上任伊始，公务非常繁忙。但再怎么忙，他都没有忘记离开双井时姐姐的嘱托，对年少丧父和远离母亲的黄庭坚，悉心照顾。他与黄庭坚同吃同住，一有空闲，便指导黄庭坚读书。他除了把自己所学毫不保留地向外甥传授之外，还把外甥送到当地最好的书院学习，请名师为他讲经史子集，为少年黄庭坚的游学打下了坚实的根基。

黄庭坚从小就崇拜舅父，认为李常不仅才学出众、风流洒脱，而且藏书丰富、学问渊博，又对自己倍加关爱，他打心里尊敬自己的舅父。

李常对黄庭坚的才华也很欣赏，深信他是一块璞玉，只要加以精雕细琢，日后必成大器。

此后几年的朝夕相处，黄庭坚与李常之间的感情与日俱增。可以说，除了生养自己的父母之外，对黄庭坚一生提携、教诲和影响最大的人，就是李常。后来，黄庭坚在给友人的书信中，曾这样称赞舅父的高尚品格：

内修冰清玉洁，视宝珠如粪土，未始凝滞于一物。

往岁某尝从学数年，虽以甥舅礼意见畜，出入闺阃无间然，有物外相知之鉴。

到涟水的第二年，黄庭坚渐渐习惯了平原地区冬寒夏热的气候，与当地文人墨客的交往日益增多。随着舅母及年幼的表弟李彤、表妹怜儿的到来，原本冷清的家中顿时热闹起来。

由于李常是当地的最高行政领导，加上黄庭坚能写诗填词，个性张扬和为人大方，衙门里的官员和衙役们都很喜欢黄庭坚，想方设法跟他交朋友。有的隔三岔五请他去酒楼喝酒，到歌馆听词曲；有的与他结伴到郊外赏景，甚至还远到楚州、扬州纵酒行乐，放浪声色。对此，重友情、讲义气的黄庭坚，乐此不疲，一度沉浸其中而不能自拔。

有个名叫"天津云儿"的歌伎，与黄庭坚颇为投缘。肌肤接触后不久，情窦初开的黄庭坚，提笔书写了一首《两同心》送给云儿：

巧笑眉颦，行步精神。隐隐似、朝云行雨，弓弓样、罗袜生尘。樽前见，玉槛雕笼，堪爱难亲。

自言家住天津，生小从人。恐舞罢、随风飞去，顾阿母、教窣珠裙。从今去，唯愿银缸，莫照离尊。

"自言家住天津"，并非今日之天津市，而是指天津古桥，故址在今河南洛阳市西南。隋大业元年（605年）建，以洛水贯都，有天汉津梁气象，因此而得名。

此词描写在红尘中飘泊的洛阳女子云儿，娇美情态如在眼前。从这首词中可以看出，初尝禁果的黄庭坚，对风花雪月的沉醉，反映出了宋代文人追逐美妓的风气。

时隔数日后，他又为云儿填写了两首《少年心》。一首是：

对景惹起愁闷，染相思、病成方寸。是阿谁先有意，阿谁薄幸，斗顿恁、少喜多嗔。

合下休传音问，你有我、我无你分。似合欢桃核，真堪人恨。心儿里、有两个人人。

清代贺裳在他的《皱水轩词鉴》中，对黄庭坚这一阕词，不客气地作了批评，他说，"温飞卿小诗云：'合欢桃核真堪恨，里许元来有别人。'山谷演之曰：'你有我、我无你分，似合欢桃核，真堪人恨。心儿里、有两个人。'拙矣"。

另一首《少年心》曰：

心里人人，暂不见、霎时难过。天生你要憔悴我。把心头从前鬼，著手摩挲，抖擞了、百病销磨。

见说那厮脾鳖热，大不成我便与拆破。待来时、嵩上与厮噞则个，温存著、且教推磨。

"心里人人，暂不见、霎时难过。……"所谓"人人"，即可爱的人，这是宋代男人对女人的昵称。"天生你要憔悴我"，写的是男欢女爱的甜言蜜语和有情人恨不得长相厮守的闲愁。

黄庭坚善以浅俚的语言直率地描写艳遇幽欢。如《千秋岁》：

世间好事，恰恁厮当对。乍夜永，凉天气。雨稀帘外滴，
香篆盘中字。长入梦，如今见也分明是。

欢极娇无力，玉软花欹坠。钗罥袖，云堆臂。灯斜明媚眼，
汗浃菖腾醉。奴奴睡，奴奴睡也奴奴睡。

这首描写男欢女爱的词，上片极力铺衬和渲染其时间、天气、
环境的恁人与幽欢的惊喜；下片则描摹欢后情态与绵绵入睡。全
篇构思新颖、直率而且含蓄之致，避去了直接的色情描写，措辞
用语俚而不鄙。虽写情事而无狎亵淫邪之感。

同类题材，《减字木兰花》，体现了作者对男女私情，或者
理解为作者与歌伎的甜言蜜语：

终宵忘寐，好事如何犹尚未。子细沈吟，珠泪盈盈湿袖襟。
与君别也，愿在郎心莫暂舍。记取盟言，闻早回程却再圆。

词中分别之夜，"终宵忘寐"的情景与"记取盟言，闻早
回程却再圆"的叮嘱，直率地表达了艳遇私情的兴奋欣喜和低
回缠绵的情感，略去了对淫欲的直接描写。

黄庭坚表现幽欢情事的词虽然为数不多，却一直影响着后
人对他的词作的总体评价，认为他的词格调不高，有"劝淫"
的倾向。如果按照这个评价标准，那么，《金瓶梅》《红楼梦》
《查泰莱夫人的情人》等，都不应视为文学名著。

黄庭坚在《小山集·序》中曾自谓"余少年作乐府，以使

酒玩世，道人法秀独罪余'以笔墨劝淫，于我法中当下犁舌之狱'"，对于法秀的批评，黄庭坚颇不服气，大不以为然，他称小山艳情词为"狎邪之大雅，豪士之鼓吹，其合者高唐、洛神之流，其下者岂减桃叶、团扇哉！"这辩白，既表现了黄庭坚对艳情词的独到的艺术见解，又体现了他对自己所写艳词的自评。

黄庭坚的"随俗"之作，实际上是对前代艳情词的一个新发展。词在胡夷里巷中诞生之后，就以浅俚、言情为世人注目，而恋情一直是传统的表现题材。唐代文人涉足此道后，也多属欢恋之作，到五代时，有善言闺情的能手温庭筠、韦庄等人。至宋代，第一位专业词人柳永发扬民间词的风格，创作俚词，广为流传。叶梦得说："凡有井水处，即能歌柳词。"但柳词"多杂以鄙话"，颇受后人诟病。直到欧、苏诸公继出，词风一变，体制高雅，柳永之作，在词坛的地位明显降低了。

黄庭坚在师承了前代词写艳情传统的基础上，创作了富有情趣的俚艳之词，不仅成为继柳永之后一位发扬光大民间词风格的重要作家，而且达到了以故为新，以俗为雅，雅俗共赏的境界。

不要以今天的审美观去苛求古人的审美观，如果这样，文艺的百花园就会单调乏味。

忆帝京

银烛生花如红豆，占好事、而今有。人醉曲屏深，借宝瑟、轻招手。一阵白苹风，故灭烛、教相就。

花带雨、冰肌香透。恨啼乌、辘轳声晓。岸柳微凉吹残酒。断肠时、至今依旧。镜中消瘦。那人知后。怕夯你来偎傍。

——黄庭坚《忆帝京》

这是一个春天的晚上，红色的烛光使歌楼的厢房平添了许多醉意，一位妙龄少女，含情脉脉，抚宝琴，一双你情我愿的男女，缠意绵绵。

突然，一阵春风从窗户进入，吹灭了房中的银烛，多情的春风似乎在告诉他二人，春宵一刻值千金。

红罗帐里，那位书生拥着肌肤白嫩的女人，刚刚进入梦乡。窗外树上的宿鸟并不理解这双刚刚入睡的情人，在树上跳来跳去不停地鸣叫，惊醒了梦中人。

几株疏落在岸边的杨柳，把一缕缕凉风送进了房间，吹得昨夜未用完的残酒，香气四溢。

多情的少女坐在妆台前，对镜自怜，觉得眼前的一切，不过是逢场作戏。她很怕自己的心思被眼前这位书生看破，埋怨她、责怪她。

诗言志，词抒情。词中的"那人"，谁能说不是黄庭坚自己？因为，这样的词境，没有生活是很难写得这样逼真的。

黄庭坚后来在为晏几道的《小山词》作序时，回忆了自己年少时填词的内容：

余少时间作乐府，以使酒玩世，道人法秀独罪余以"笔墨劝淫，于我法中当下犁舌之狱"。

以上这段话是黄庭坚的自我反省，显然是因他与小晏有同病相怜的际遇而直言不讳。

苏东坡的一生，对歌伎酒筵的喜爱从未稍减。苏大才子对此也从不讳言。他在词中说："回首长安佳丽地。三十年前，我是风流帅。为向青楼寻旧事，花枝缺处余名字。"俨然有柳永"忍把浮名，换了浅斟低唱"的疏狂、风流。

黄庭坚在游学期间，学习和琢磨的是欧阳修的词风和笔调，甚至有许多词句都是从欧阳修的词句脱胎换骨而来。

这一时期，他共创作了《望远行·自见来》《千秋岁·世间好事》《画堂春·春风吹柳日初长》《沁园春·把我身心》《惜馀欢·四时美景》等十余阕艳词。如艳词《诉衷情》，就透出了黄庭坚年轻时一颗滚烫的春心：

小桃灼灼柳鬖鬖，春色满江南。雨晴风暖烟淡，天气正醺酣。
山泼黛，水挼蓝，翠相搀。歌楼酒旆，故故招人，权典青衫。

这阕词中"鬖鬖"，本意为毛发散乱貌，喻为烟柳迷离。酒旆，为酒旗。故故，意为屡屡。上述这一类俚俗丽词，多为黄庭坚在游学时期所作。后来，清代纪晓岚编纂《四库全书总目提要》时，将其列举并收录其中。

宋人以词为诗余，以艳词纵声色。当时的男性诗人，如苏东坡、晏几道、周邦彦、柳永等人，都有与歌伎终日相伴的嗜好，这在当时是一种社会风尚，就像人们喜欢听小曲一样。宋词的兴起，歌伎功不可没。如果没有歌伎的传唱，宋词不可能继唐诗之后，在中国诗歌史上，筑起一道新的文学高峰。只不过她们在与词家的心灵感应中所激起的圈圈涟漪，大都被正统的文学史给抹杀了。

在以男权为中心的古代社会，红粉职场女性本已大不幸，红颜薄命是沉重的千古之叹；侥幸如与白居易不期而遇的琵琶女者，年长色衰而遭遗弃，或人老珠黄而沦落天涯，几乎是她们的必然归宿。

对于外甥的放纵行为，舅母看在眼里，急在心里，担心他长此下去会荒废学业，到时不好向分宁黄家的姐姐交代。舅母几次想找黄庭坚劝说一番，均被胸有成竹的舅父拦住了。他相信黄庭坚是可塑之才，目前迷恋声色犬马，是思乡情绪的自我排遣发泄，是成长过程中的必然。船到桥下自然直。

为了收敛一下黄庭坚的心，李常在官衙内办起了一个"白石斋诗社"，利用他的影响，团结文化精英，不时邀请当地的文化名流和诗词高手前来雅集，吟诗作对，谈文论道，旨在为黄庭坚创造一个良好的学习环境。

在分宁双井，黄庭坚就开始了他的诗词创作。当时他主要是受父母和学馆塾师的传教。到涟水后，他在舅父的指点下，与当地诗词高手经常切磋交流，创作水平达到了一个全新的境界。在此期间，他有两首诗值得一提：

……

> 少也长母家，学海颇寻沿。
>
> 诸公许似舅，贱子岂能贤？
>
> 辕驹蒙推挽，官次奉丹铅。
>
> ——《奉和公择舅氏送吕道人研长韵》

……

往在江南最少年，万事过眼如鸟翼。

夜行南山看射虎，失脚坠入崖底黑。

却攀荆棘上平田，何曾悔念身可惜！

辞家上马不反顾，谈笑据鞍似无敌。

……

——《新寨饯南归客》

这两首诗，如果从诗学的角度看，只能算是记流水账，但比起他在家乡的习作《溪上吟》《清江引》等诗相比，明显少了几分稚气，多了几分老成。

李常公务繁忙，抽不开身时，他经常叫黄庭坚主持白石斋诗社的文化活动，以此锻炼他的社交能力，认识更多的文化名流。

一次，李常要到近郊的高邮军办事，他决定带上黄庭坚一同前往，想让他结识一些当地的文化名人。

当他二人到达高邮军孙府时，主人孙觉径直把他二人请进了书房。说："公择，你们来得正好，请帮我打赢这场笔墨官司吧！"

孙觉是一位诗评家，一直推崇杜甫。他认为杜甫的《北征》诗胜过韩愈的《南山》；而另一位诗人王平甫的观点却恰恰相反，两人争论不休，谁也说服不了谁。

见老朋友李公择和黄庭坚落座后，孙觉和王平甫说想听听李常的高见。

李常说："我们都已年过中年了，思想固执，难免老生常谈，我看不妨先听听后生有什么意见。"说罢，示意黄庭坚裁决。

初生牛犊不怕虎。

对杜诗颇有心得的黄庭坚，认为这个问题是撞在他的枪口上了，他彬彬有礼地站起来说："若论工巧，《北征》不及《南山》。若书一代之事，以与《国风》《雅》《颂》相为表里，则《北征》不可无，而《南山》虽不作，未害也。"

一语惊醒梦中人。大家不得不叹服眼前这位天才少年。

孙觉忙说："后生可畏，后生可畏啊！"他对黄庭坚的这段评价，心服口服，由此结束了旷日持久的一场争论。

孙觉非常喜欢黄庭坚的才气和人品，在李常办完公事回涟水时，他执意要留黄庭坚在孙府小住时日。

这一住，竟住出了一段金玉良缘。

一天深夜，黄庭坚放下书解衣入睡不久，突然被门外一阵嘈杂的声音惊醒。他忙起床到外面一看，原来是孙家小姐孙兰溪突发急病，呻吟不止，疼痛难忍。问明情况后，曾跟祖母学过一些常见病医治方法的黄庭坚，说他可以治好小姐的病，并主动提出愿为孙小姐治病。

在孙家人半信半疑的神情下，他悉心把脉，诊断孙小姐得的是似寒实热的虚火症，并开了一剂药方。也是他合该走桃花运，孙小姐当晚服下他开的药剂睡下后，第二天一早竟然基本痊愈了。

一开始就"落花有意"的孙觉夫妇，不仅亲眼看到了黄庭坚在诗歌上的卓识，还目睹了他的机灵、沉稳，于是决定将女儿许配给黄庭坚。

北宋年间有一种求婚的习俗，京都中有未婚之女的富商，每年都眼巴巴地等着考试出榜，榜单公布时，便立即向新考取功名的未婚举子提亲。孙觉十分看好黄庭坚的前途，认为黄庭坚鱼跃龙门，声闻九皋是迟早的事，心想等到考试出榜选婿不如现在选婿。

孙觉把有意将女儿嫁给黄庭坚的意见，用书信的方式告知了李常。李常大喜过望，认为这是自己的外甥攀了高枝。

两位封疆大吏，对于年轻的黄庭坚给予了再造之恩。一个助他学业有成，跃入龙门；一个对他百般呵护，选为乘龙快婿。爱情与事业的前景一派光明，青春的花儿，迎着和风，艳丽绽放。这对于一个身处下层的读书人来说，实在是意想不到的福音。

孙、李两家夫妇书信往来，在省掉烦琐的"父母之命，媒妁之言"的程序后，黄庭坚与孙兰溪的终身大事，很快被敲定了。

在双方家长交换庚帖和商定订婚、迎娶的日子后，男方代理家长李常夫妇给分宁的黄夫人发了一封报喜书信，然后在酒楼举行盛大宴会。

这一年是嘉祐六年（1061 年）。黄庭坚十七岁。

当天戴瓜形新帽、身穿大红礼服的黄庭坚，送走最后一批贺喜的客人后，已是子夜时分。

当喝得有几分醉意的黄庭坚走进洞房，正欲掀开坐在床沿的新娘头上的红绸盖头时，不料新娘孙兰溪伸手拦道："郎君且慢，贱妾有一上联在此，请郎君对出下联，方可同房共枕。否则，今晚只能请你睡在外间书房。此为不情之请，还望见谅！"

黄庭坚微笑着说："娘子，小生曾听说你得家父真传，能诗善文，今晚一见，娘子果然才华出众。请你说出上联，小生若对不出下联，甘愿受罚！"

孙兰溪莞尔一笑，说道："梳妆楼头，痴眼依依，痴情依依，有心取媚君子君不恋。”

　　黄庭坚听罢，心想这上联看似平常，却是暗藏玄机，顿时感到有些难对。他思索了好半天，想了好几个下联，虽然很工整，但没有还击孙兰溪上联暗藏的挑衅和讥讽，不足以显示自己的才学。于是，他搜肠刮肚地寻思更好的词句，并不停地在新房中来回踱着步子。忽然，他想起了去年深秋和朋友们游览涟水妙迹山时的情景，灵感顿时来了，他脱口对道：“妙迹山上，落木萧萧，落花萧萧，无缘省识春风春难留。”

　　下联针对上联把他比喻为献媚的“痴情女”之暗讽，以秋后“残枝败叶”和自谓“春风”的比喻做了有力的回击。下联对仗不仅工整，而且显示了黄庭坚的才思敏捷。孙兰溪心悦诚服，心花怒放。

　　一个女子，如果貌美，已令人称羡不已。倘若再才华出众，则更会让人觉得与众不同。孙兰溪不仅长得百里挑一，而且能诗善画。她的美貌与才情，令黄庭坚欣喜若狂。

　　黄庭坚兴奋地掀开孙兰溪的盖头，双方不禁会意一笑，以一阵目不转睛的对视，表达了互相仰慕已久的情怀。新娘对新郎的才貌深感快意，新郎对新娘的美貌满心欢喜。

　　郎才女貌，才子佳人。有情人终成眷属。

　　可惜，天妒红颜，孙兰溪命短，没有陪伴黄庭坚白头到老，令人扼腕叹息。

二、 携手青云路稳，天声迤逦传呼

归田乐引

对景还消瘦。被个人、把人调戏，我也心儿有。忆我又唤我，见我，嗔我，天甚教人怎生受。

看承幸厮勾，又是樽前眉峰皱。是人惊怪，冤我忒搁就。拼了又舍了，定是这回休了，及至相逢又依旧。

——黄庭坚《归田乐引》

这阕词挺有意思。首先是词牌有意思。

词坛大家苏辛二人，生平填词数量远远超过黄庭坚，但苏、辛二人从未用过《归田乐引》词牌；清人舒梦兰的《白香词谱》，也没列举《归田乐引》词牌。由此可见，这个词牌很少被人采用。黄庭坚为什么要用此词牌填词呢？答案应该是黄庭坚做了孙觉的"乘龙快婿"，携得美人孙兰溪返回故乡分宁双井。

其次是词的内容挺有意思。这是因为，此词描写的是坊间男女的爱情故事，我认为黄庭坚描写的是他和孙兰溪的爱情故事。

风流才子与绝代佳人，难免要产生一段刻骨的情愫。我们不妨再还原此词的画面：

当他第一眼看到她时，不禁为她的美貌所吸引。他深深地爱上了她。她也被他的才华所吸引，悄悄地爱上了心目中的如意郎君。

她是一位调皮的女孩，面对他的追求，她表现得"落花无意"，但偶尔抛出几句"郎有情女有意"的话，调戏他、捉弄他，使他相思不已，彻夜难眠，面容日渐憔悴。她越是调戏他、捉弄他，他越是神不守舍，思念心切。

她终于接受了他的爱意，二人眉来眼去，甚至亲昵。然而，也为一些琐事而生气。于是她责怪他太薄幸、太无情，她想和他分手。他也想和她分手。短暂的离开后，当二人重新相逢时，却又和好如初。

词之为道，贵乎有性情。这阕词无疑是至情至性的诠释。男女主人在行动上越是荒诞，他们的内心越是纯朴；他们表面上越是矛盾，爱情越是真诚。我们从黄庭坚用俚言俗语尽情刻画的这一对男女的爱情喜剧中，看到了有情人终成眷属，不仅得到感情上的满足，而且得到了艺术上的享受。黄庭坚与孙兰溪，郎才女貌，喜结秦晋，男欢女爱，"忆我又唤我，见我，嗔我"，如胶似漆。小两口每天相亲相爱，形影不离。二人不是吟诗作画，就是弹琴下棋，好不惬意。日子过得有滋有味，谁都会有些欣欣然、飘飘然，进而到"乐不思蜀"的境地。

古人有"四喜"诗说："久旱逢甘雨，他乡遇故知，洞房花烛夜，金榜题名时。"此"四喜"诗，黄庭坚是享有"三喜"，还缺一喜"金榜题名时"。当然，凭借他的才华，日后金榜题名绝非难事。

在新婚期间，黄庭坚遇上了两件喜上加喜之事：一是举办婚礼的前两天，久旱的淮河流域大雨如注，他笑称说："好雨知时节，当'婚'乃发生。"二是洪州籍学子黄几复，落第后在京城遇到了接受调令的李常，他听说黄庭坚新婚大喜之事后，特地绕道到高邮来祝贺。黄几复后来成为黄庭坚相交一生的挚友，黄庭坚经常同他诗词酬唱。在《拟古乐府长相思寄黄几复》诗中，黄庭坚道出了自己对黄几复的那份兄弟之情："江南江北春水长，中有一人遥相望。""惟予与汝交莫逆，心期那间千万里。"

对于自己选定的女婿的政治前途，孙觉并不担心，他认为凭着黄庭坚的聪明才智，金榜题名是迟早的事。在孙觉的内心世界里，他现在最想要做的事是为女婿将来的政治前途搭桥铺路。为此，每逢衙门迎来送往或到各州县巡视工作，他便会有意识地带上黄庭坚，极力为女婿积攒人气。凡是与当时公认的硕学宏儒通书信，他总要附上黄庭坚的诗词佳作，名之曰是请帮助斧正，其实是为女婿早日出人头地大做宣传。对于老泰山的良苦用心，黄庭坚心知肚明，他懂得对老泰山的最好报答，就是尽快赴科举考试并金榜题名。

两情相悦，鸾凤和鸣的日子，总是过得太快。

婚后的第二年，在爱妻孙兰溪的默许下，黄庭坚决定携她一起回分宁双井省亲，拜见黄家长辈们并准备先在洪州参加乡试，中举后再赴京参加进士考试。

小两口选择孙觉去朝廷述职的前一天，向双亲辞行。

临别之时，孙家母女难舍难分，泪洒兰舟。孙觉曾从李常处得知黄家目前家境艰难，经与夫人商量后，拿出六百两银子交给女婿，说是孙家给女儿补办的陪嫁之资，并一再嘱咐他要以功名为重，心怀圣人之志，笔唱大道古声，不要荒废了学业。

那天，黄庭坚带着妻子，沿着四年前游学相同的路返回分宁老家。四年前随舅父北行的情景历历在目。如今山河依旧，不同的是，今天的他搂着美人归，心中的喜悦之情无以言表。

此时，黄庭坚非常感激李常对他的知遇之恩，如果没有舅父的提携，哪有他的今天。而岳父对他的关照，丝毫不亚于舅父的栽培之情。元祐五年（1090年），孙觉逝世，黄庭坚在悼念孙觉逝世时所写的《祭外舅孙莘老文》，他满怀深情地回忆道：

……我初知书，许以远器，馆我甥室，饮食教诲。道德文章，亲承讲画。有防有范，至今为则……

时令正值隆冬，天空雪雨交加。船驶抵江州湖口，由万里长江转入鄱阳湖水道。望着船外的冬日景致，黄庭坚本想赋诗一首，表达此时返乡情切的心情，但想起《诗经》中的"昔我往矣，杨柳依依；今我来思，雨雪霏霏"四句，已道出了他心之所想，思之所系，诗之所咏，也就因"眼前有景道不得"而放弃了作诗的念头。

归心似箭的黄庭坚，一进家门就同妻子咚的一声向母亲行过跪拜大礼，黄夫人上前扶起儿子和儿媳。黄庭坚起身却发现刚过不惑之年的母亲已是白发苍苍，儿时记忆中的那张美丽的脸庞已布满了皱纹。他含着眼泪握着母亲的双手久久不愿放下，母子俩有太多的"点点心如碎"诉说不完、太多的泪水挥洒不尽。

善解人意的孙兰溪上前拉住黄夫人的手，亲切地叫着"娘亲"，才唤醒了好似进入梦境的母子二人。

相别时难，相见亦难，难在相思相念，喜极而泣。

黄庭坚一生写过一百八十多首词，其中有两首《归田乐引》，下面一首《归田乐引》，应算是他相思恋情词的代表作：

> 暮雨濛阶砌，漏渐移，转添寂寞，点点心如碎。怨你又恋你，恨你惜你，毕竟叫人怎生是。
>
> 前欢算未已，奈何如今愁无计。为伊聪俊，销得人憔悴。这里诮睡里。梦里心里，一向无言但垂泪。

黄庭坚的词犹如包着不同外皮的水果，或紧实敦厚，或轻薄如纱。有些只需轻轻剥开，就能看到新鲜的果肉，有些则要用一些力气，才能尝到美味。

这首词以直抒胸臆的手法，用通俗、直率的语言，表现了词中主人公黄夫人的复杂、矛盾的感情和心理状态，作风质朴而且有着较浓厚的民间词的风味。只要我们把这首词与柳永的《定风波》（自春来惨绿愁红）相比，就不难看出两人的不同风格。柳词是以细微描绘词中女主人公的情态取胜，笔调细腻，风格柔婉。黄词主要以揭示词中女主人公的内心见长，笔调率直、深切，风格比较明快。

虽然，黄庭坚的通俗词，以其通俗的语言、质朴的风格，独立于北宋的词坛，不能以一种固定不变的典雅作为衡量标尺，而轻易加以否定。但我们也得承认，他的通俗词，确也有因其过度追求新奇和以俗为雅，而大量运用生僻的方言、俗语和特殊的表现手法，造成了语言生硬、句意难明和拙涩等弊病。

他的这两首《归田乐引》，可以说就存在这种弊病。

黄庭坚还善于用词抒写与家人欢聚离合的情绪。《减字木兰花》中的几首很有代表性，值得我们品味：

举头无语，家在月明生处住。拟上摩围，最上峰头试望之。
偏怜络秀，苦淡同甘谁更有。想见牵衣，月到愁边总不知。

另一首同牌词写道：

月中笑语，万里同依光景住。天水相围，相见无因梦见之。
诸儿娟秀，儒学传家渠自有。自作秋衣，渐老先寒人未知。

又一首同牌词写道：

当年夜雨，头白相依无处住。儿女成围，欢笑尊前月照之。
阿连高秀，千万里来忠孝有。岂谓无衣，岁晚先寒要弟知。

以上三首词，韵脚"之""知"一字未变，读来美感十足。
每一首小词，都是一幅完整的亲情画，人物丰满，跃然纸上。这
三首词作于绍圣三年（1096年），此时的黄庭坚在黔南，身在异
乡为异客，每逢月圆倍思亲。

海上升明月，天涯共此时。明月几时有，把酒问青天。自古
以来，月亮在人们心中是家人团聚的象征，是漂泊异地的游子观
照家乡的寄托。

这三首一气呵成的词，都是围绕月儿写事，围绕月儿写情，
围绕月儿写离愁，围绕月儿写失落，如"举头无语，家在月明生
处住"，"月中笑语，万里同依光景住"，"儿女成围，欢笑尊
前月照之"，读来令人荡气回肠，为之唏嘘。这样的词，没有切
肤之感的人，是无论如何也写不出来的。

　　另外两首《减字木兰花》以"来"和"头"为韵脚，也是作于绍圣三年的词，也是围绕明月抒情：

　　中秋无雨，醉送月衔西岭去。笑口须开，几度中秋见月来。
前年江外，儿女传杯兄弟会。此夜登楼，小谢清吟慰白头。

　　又曰：

　　浓云骤雨，巫峡有情来又去。今夜天开，不与姮娥作伴来。
清光无外，白发老人心自会。何处歌楼，贪看冰轮不转头。

　　"人有悲欢离合，月有阴晴圆缺，此事古难全。但愿人长久，千里共婵娟。"苏东坡的这首《水调歌头》与黄庭坚的这两首《减字木兰花》，都是怀人之作，可谓异曲同工，情何相似！

　　刘熙载在其《艺概》中说，苏试以诗为词，"无意可入，无事不可言"。黄庭坚的雅词，同样多以诗为词，如"醉送月衔西岭去"，"几度中秋见月来"，"巫峡有情来又去"，"不与姮娥作伴来"，诗味十足，但词味更足。

惜馀欢

　　四时美景，正年少赏心，频启东阁。芳酒载盈车，喜朋侣簪合。杯觞交飞劝酬献，正酣饮、醉主公陈榻。坐来争奈，玉山未颓，兴寻巫峡。

歌阑旋烧绛蜡。况漏转铜壶，烟断香鸭。犹整醉中花，借纤手重插。相将扶上，金鞍騕褭，碾春焙、愿少延欢洽。未须归去，重寻艳歌，更留时霎。

——黄庭坚《惜馀欢》

这首词的词牌后注明茶词，其实是一首酒词，写饮酒寻欢的情态。这是一个令人沉醉的夜晚，有美酒，有故人，心情自然是畅快的。上片为眼前所见之景。朋友相聚，推杯换盏，豪饮大醉；下片由景及情，且歌且舞，直至红烛燃尽，烟断香炉，然而此时大家意犹未尽，重燃蜡烛，重寻艳歌，不愿离去，都想多待一会儿，享受眼前的快乐。

品茶喝酒能到如此境界，非情投意合、心情舒畅，是难以出现的。

当年的神童携美人回乡，引得亲朋好友和四方乡邻前来探望祝贺。一连几天，一度冷落的黄家宅院，人声鼎沸，热闹非常，仿佛又回到了黄家鼎盛时期的风光。因此，黄庭坚有了"芳酒载盈车，喜朋侣簪台。杯觞交飞劝酬献"的感怀。

黄夫人看到朝思暮想的儿子回来了，当年出门时的美少年，今天回家已成为帅小伙子，而且还带回来一个漂亮、孝顺的儿媳妇，心里乐开了花。从此，一大家人和睦相处，其乐融融。黄庭坚与兄长黄大临经常在一起谈诗论文，切磋读书心得。兄弟二人刻苦攻读，准备参加来年的乡试。

在中国古代，子民们分为士农工商四类。士为四民之首，万般皆下品，唯有读书高。"朝为田舍郎，暮登天子堂"，是每个寒士的心愿，苏轼曾说自己年少时，也唯以读书中举为业。

宋朝是一个以士大夫最受尊崇的黄金时代。宋真宗创作的《劝学文》，以"书中自有黄金屋"劝导世人读书。以皇帝九五之尊，劝导世人读书，可见当时对读书人的尊重。

功夫不负有心人。嘉祐八年（1063年），十九岁的黄庭坚与兄长黄大临一起赴洪州参加乡试，结果双双中举。黄庭坚还以第一名的好成绩夺得乡魁。兄弟二人荣归故里，场面相当壮观，连县太爷也亲自登门道贺，说是黄庭坚夺乡试第一名，为分宁县争了光。

前来黄家贺喜的人士络绎不绝，其中有个高姓乡绅慕名欲出高价索求黄庭坚的书法，当即被他婉言谢绝了。因为黄庭坚是个心高气傲的人，他认为乡魁算不得什么，远未达到自己理想的目标，至于自己的书法虽在江西西路一带已有很大名气，但觉得还有许多地方需要改进和完善。

治平元年（1064年），黄庭坚顶着乡试第一名的光环，在被家乡人一致看好的情况下，踌躇满志地踏上了赴京城参加礼部进士考试的征程，希望可以像李白那样，"朝廷大称我，我亦自超群"。

他一路风尘仆仆来到京城，准备与舅父李常或岳父孙觉在京城相聚，一来向提携他的两位长辈问好，二来畅叙一下阔别之情，不料李、孙二人前不久离京外调任职去了。舅父升迁齐州知州，岳父调任湖北知州，这令黄庭坚感到颇为失望。

准备了充裕的时间，提前抵达京城的黄庭坚没有会到李、孙二人，心中闷闷不乐。此外，他离家时妻子孙兰溪因不服水土而患病未愈，也令他非常牵挂。既来之，则安之。此时离考试的时间还有两个多月，他只好找了一家名叫"文思盛"的旅店住了下来。

一个人在京城形单影只，黄庭坚感到很是寂寞和孤独。从住进文思盛的第一个晚上开始，他就经常失眠，随身带的应试参考书诗赋、策论等，根本看不进去。在百般无聊之下，他与同住旅店的考生们轮流请客做东，天天借酒消愁，聊天打发时日，等待着大考之日快快来临。

黄庭坚此时的焦虑心情，我们可以从他的《望江东》一词中可以品味得到：

江水西头隔烟树，望不见、江东路。思量只有梦来去，更不怕、江阑住。

灯前写了书无数，算没个、人传与。直饶寻得雁分付，又还是、秋将暮。

这首词表达了梦幻与现实的矛盾，是人物性格冲动的激情与冷静的沉思的结合，是心灵的自剖，又寄托在深刻的离愁之中。作者对离情的描写，通过多种意境来体现，白天与黑夜，思念与期待，沉思与呼喊，都错综地融合在了一起。

在黄庭坚笔下开篇就说"江水西头隔烟树，望不见、江东路"，给我们展现了一片迷蒙浩渺的艺术境界，反映了他对远方亲人的怀念。他笔下的"江水""烟树""江东路"等自然意象，揭示了他的思想感情，一个"隔"字把遥望的一片浩渺江水、迷蒙远树时的失望，呈现在世人的面前，这个"隔"字既反映客体的真实和美，又表现了主体的情思意绪。

"望不见、江东路"是这种情思的继续。接着，黄庭坚把特定的强烈的感情深化，把满腔的幽怨化为深沉的情思："思量只有梦来去，更不怕、江阑住。"梦，是遂愿的手段。在现实生活中无从获得的东西，就希望在梦中得到。"思量"，是黄庭坚在遥望中沉思获得了顿悟："只有梦来去"，这是一种复杂的思想情绪。

可以想象，每一个寄居异乡的人，在孤独的时候，谁都会回望自己的家乡，回望家乡的方向。岑参《逢入京使》诗抒发的就是这种诗境："故园东望路漫漫，双袖龙钟泪不干。马上相逢无纸笔，凭君传语报平安。"可谓情同字不同。

黄庭坚在回望家乡却被烟树阻隔，无奈之下，只有在梦中才能自由地来去，实现自己的愿望，回到思念中的母亲和爱妻身边。

画饼是不能充饥的。

黄庭坚又把思绪带回到了现实生活的无穷思念和孤独之中。

于是他在灯前给家人不停地写信，"灯前写了书无数"，倾诉对亲人的怀念。但是，写好了信又没有人"传与"家人，此时，他是多么希望鸿雁能为他传书啊！

黄庭坚在怀念母亲和妻子的孤独中打发时光，此时，他第一次对"度日如年"这个词有了深刻的体会。

终于等来了礼部的会试之日。诗赋、策论等几科考完之后，黄庭坚自感考得并不是很理想，但基本发挥了自己应有的水平，心里觉得再怎么不理想，也该榜上有名吧。

礼部发榜的那一天，那些应试的学子们到礼部附近的登榜楼去等候消息，大家心里都没有底。发榜之前，有人曾听说过黄庭坚的大名，认为他一定会高中会元。对于大家的议论，黄庭坚并没有喜形于色，他认为发榜时榜上有名才是硬道理。

考试的成绩终于张榜了，结果黄庭坚名落孙山。无情的现实并没有让他心灰意冷。他知道，在高手云集的礼部考试中，任何人都不能说自己稳操胜券。

两度乡魁的黄庭坚意外落榜，有无数人百般猜度，莫衷一是。有人说他的策论文章不如他的诗赋做得好，有人说是考官不公道。

北宋王朝的科举考试，江南地区重诗赋轻策论，江北地区重策论轻诗赋。当时作为政治、经济和文化的中心在江北的汴京，因此从北宋初蔓延到中叶，朝廷选派生杀大权的主考官，多为中原地区的人士。

那些喜好纵横之术的主考官，对曾经属于李唐小王朝治下的江南地区的纤弱文风，一直都怀有较深的偏见。流风波及，互相传染，朝中大臣也相继看不起南方读书人。

《续资治通鉴》中记载有这样一件事，宋真宗大中祥符八年（1015年）的一次殿试，有两名考生名列甲榜。当时要在名列甲榜的山东人蔡齐与江西人萧贯两人中挑选出一名状元。时任知枢密院上的寇准对宋真宗赵恒说，萧贯是"南方下国之人，不宜魁多士"。结果，萧贯成了文化偏见的牺牲品。

由于长期存在着扬北抑南的文化偏见，在举进士的名额上因扬北抑南的大背景，黄庭坚名落孙山，不过是出身南方地区的又一个牺牲品而已。这种蔓延近百年的流弊，直到王安石变法改革科举取士制度，才逐渐矫正过来。

有许多的人和事，一旦验证确凿，反而失去了扑朔迷离的神秘面目，少了读者茶余饭后的谈资。

满腹经纶的黄庭坚，第一次参加进士考试便遭当头一棒，虽然在发榜那天他强作镇静，其实在他心里也是五味杂陈，打击很大。他觉得自己愧对家人的期盼，特别是愧对舅父、岳父的知遇之恩和精心培养。

黄庭坚的进士梦，出师未捷。

当他心事重重地返回双井老家时，母亲和妻子都给予了莫大的宽慰。是啊，古往今来，科举考试是千军万马过独木桥，谁也不能保证自己一次就能通过。

舅父李常、岳父孙觉得知黄庭坚名落孙山，毫无责备之语，并亲笔给他写信，鼓励他重头再来，不经历风雨，怎能见彩虹？他们坚信，凭黄庭坚的才华，一定能取得成功，实现金榜题名的梦想和希望。

心情平静下来后，黄庭坚总结了那三个同住旅店而且已中进士的举子提供的经验，找来一本宋子京编撰的《唐史稿》，认真揣摩研究，从中领悟写作科考文章的诀窍。爱妻孙兰溪还帮他查抄了一些本朝的应试范文，供他琢磨参考，甚至常常陪着他熬夜苦读。

黄庭坚是一个严谨自律的人，更是一个纯粹的书生。他一直认为，学子要以一手锦绣文章博取功名，然后安济天下，换得百世功名。

与生俱来的天赋加上发奋埋头攻读，使黄庭坚的学业文章达到了一个新的境界。

宋英宗治平三年（1066 年），朝廷下诏开科取士。黄庭坚写了一首《戏赠诸友》诗，题下自注"时诏下"：

> 驽骀无长途，一月始千里。
> 骅骝嘶清风，只在一日耳。
> 诗酒废书史，诸友勿自疑。
> 宁为驽骀懒，当效骅骝嘶。
> 疏水必有源，析薪必有理。

> 不须明小辨，所贵论大本。
> 生死命有制，富贵天取裁。
> 傥能领真意，何有于我哉。
> 讨论销白日，圣知在黄卷。
> 自此宜数来，作诗情缱绻。

黄庭坚以劣马自况，而将友人喻为千里驹，希望能同友人一块儿切磋学问，讨论大体，准备应试。诗中表现了同友人的共勉与希望，传达了一种先尽人事、后听天命的思想。他认为首先应在主观上积极努力，认真做好科考准备，至于能否考中则不必理会，这种考前的良好心理状态，既有严肃认真的进取精神，又有超脱旷达的思想意识。

在这一年的初秋，黄庭坚还作了一首《新凉示同学》，悔叹考期日近而学业几废，说暮春染疾，暑夏一晃而过，今至秋凉，试读诸书，已经很生疏了，诗曰：

> 春深花落病在床，永夏过眼等虚掷。
> 卷帘昨暮得新凉，空堂呼灯照几席。
> 岂无熟书试一读，欲似平生不相识。
> 今日明日相寻来，百年青天过鸟翼。
> 夜阑叹息仰屋梁，废弃寝膳思无益。
> 吾徒奈何纵嫚游，君不见禹重寸阴轻尺璧。

书山有路勤为径，学海无涯苦作舟。考试在即，他感到了时间的宝贵，不得不认真备战。

贺圣朝

脱霜披茜初登第，名高得意。樱桃荣宴玉墀游，领群仙行缀。
佳人何事轻相戏，道得之何济。君家声誉古无双，且均平居二。

——黄庭坚《贺圣朝》

十年寒窗，谋取功名，是无数莘莘学子的追求。

宋英宗治平三年，黄庭坚再次参加乡试。这一年的乡试考题是以《野无遗贤》赋诗，黄庭坚所作有"渭水空藏月，傅岩深锁烟"二句，前句拈用周朝吕望故事，后句融化殷代傅岩典实。

渭水是姜子牙未仕之前的隐居之地，《史记》记载，西伯周文王招贤纳士，出猎而遇吕尚于渭水之阳，请以辅佐朝政。唐代胡曾在《渭滨》诗中咏其事曰："岸草青青渭水流，子牙曾此独垂钓。当时未入飞熊梦，几向斜阳叹白头。"

傅岩为殷朝丞相傅说未仕之前的隐居地。相传傅说曾在傅岩从事房屋建筑工作，殷帝武丁请以为相，从而使衰落的殷朝出现了中兴的局面。

吕尚和傅说都是有济世之才的圣贤大哲，长期隐居乡野，可以说是"遗贤"的典型代表，但最终又都被朝廷访得并得以重用，成为治国理政的栋梁。

黄庭坚拈出他们未仕前的隐居之地，又分别用"空藏月""深锁烟"描述现在的沉寂、冷幽景象，借以含蓄委婉地暗示此处已无贤人居住营生，不仅深切"野无遗贤"诗题，而且将历史与现实勾连在一起，使诗歌意境深邃，含蕴丰富，耐人寻味。其中的意象如"渭水""傅岩""月""烟"等，又生动鲜明，浑然一体，有山有水。

当主考官李询读此二句之后，"击节称赏"，并批语云："此人不惟文理冠场，异日当以诗名檀四海。"于是，黄庭坚荣获首选。

因为这样，黄庭坚又被点为本次乡试第一。虽然在中国科举史上有更厉害的考生连中三元（乡试、会试、殿试第一名）之事，但连续两届被拔为乡试第一名的人，可谓凤毛麟角。

黄庭坚再度夺魁，令他信心满满。

在中国古代，科举制度的兴起，对于许多贫穷无助、学而向上的民间子弟来说，无疑是一种福祉。治平四年（1067年），进士考试又开始了，全国的考生从四面八方汇集成了一支规模庞大的队伍。这些寒窗苦读的学子们，怀着登堂入室、一举成名天下知的梦想，日夜兼程，跋山涉水，奔赴在通往汴京的途中。

黄庭坚同众多的学子一样，再度从分宁赶赴汴京，参加礼部进士春闱大考。功夫不负有心人。这一次，他顺利登上了许安世榜第三甲进士。

所谓许安世榜，即本次科考榜进士的第一名为许安世，也称为状元。通常前三名状元、榜眼、探花称一甲或甲榜进士，赐授进士及第；第四名以下至第三十名称二甲或乙榜进士，赐授进士出身；第三十一名以下至最后一名称三甲或丙榜进士，赐授同进士出身。按照这一排序，中进士的名次不同，称谓和待遇差别也很大。比如：一甲进士或可授官七品实职；二甲以上进士可选供翰林院；三甲进士则多半放外任为州、县佐史。

十年寒窗无人问，一朝成名天下扬。金榜题名，黄庭坚一开始当然很高兴，心想现在总算对舅舅李常和岳父孙觉有个交代了。他心血来潮，填词一首《下水船》：

　　总领神仙侣，齐到青云岐路。丹禁风微，咫尺谛闻天语。尽荣遇。看即如龙变化，一掷灵梭风雨。

　　真游处。上苑寻春去，芳草芊芊迎步。几曲笙歌，樱桃艳里欢聚，瑶觞举。回祝尧龄万万，端的君恩难负。

　　当时，许安世榜共录职新科进士三百零五名，黄庭坚位列三甲榜首，也就是第三十一名。这是一个令人仰视的成绩。因为在全国各地选送的数以万计的举人中，能通过会试进入三甲之列的，无疑是千里挑一。天下有多少读书人，十年寒窗苦读，三更灯火煎熬，能考过举人这一关的都是凤毛麟角，更不用说从秀才到举子考到两鬓白发还没有中进士的人，历朝历代多如牛毛。《儒林外史》中的范进仅仅是中了举人，他就险些激动得去见了阎王；另外，像林琴南这样的诗、文、书、画造诣极深的大翻译家，多次考进士都榜上无名，可见在古代想考取进士是有多难。

　　金榜题名之后，黄庭坚填了《贺圣朝》词一首，表达了自己的心态：

　　脱霜披茜初登第，名高得意。樱桃荣宴玉墀游，领群仙行缀。

　　佳人何事轻相戏，道得之何济。君家声誉古无双，且均平居二。

　　这首词的大意是说：我荣登进士，脱去身上的布衣，穿上朝廷的官服，心中当然很高兴。在皇宫举行的樱桃宴会上，看到一人领着舞者随着美妙的音乐起舞，场面太美了！

　　我虽然考中了进士，但并不是我心中理想的名次，不值得炫耀。与后汉的黄香相比，我只能位居其次。黄香十二岁就博学经典，通晓道术，京师的士子们称他"天下无双，江夏黄童"。

　　这次金榜题名，考中三甲进士，虽说是一个不错的结果，但对于心高气傲的黄庭坚来说，名列一甲才是他的初心，这并没有让黄庭坚欣喜若狂。他认为与本家黄香相比，只能"居二"。他在汴京等候授官期间，与同科进士们天天花天酒地，互相庆贺，但狂欢过后冷静一想，自己家境清贫，上有母亲大人要赡养，下有几个将成年的弟妹待办婚嫁，还有爱妻孙兰溪到分宁后，身体状况时好时坏。总之，一个家庭的生计，今后可能主要靠自己的官俸来维持。他此时的愿望是，最好能分配到分宁附近的州县任职，或者退一步能在江南地区也行，这样能方便地就近照顾好家中的老小。

　　然而，在汴京一等再等，等来分配的地方是出任汝州（今河南）叶县县尉，他被安排在北方边境地区任职。

　　尽管地点很不理想，但为了一家人的吃饭问题，他不得不领下这份来之不易的差事。

　　在走马上任之前，他悄然返回故里。因为他十分挂念自己的母亲、妻子和家人。下面是在回家途中写的三首诗，真实地反映了他当时的心情：

> 京尘无处可轩眉，照面淮滨喜自知。
> 风里麦苗连地起，雨中杨柳带烟垂。
> 故林归计嗟迟暮，久客平生厌别离。

落日江南采蘋去，长歌柳恽洞庭诗。

——《新息渡淮》

客子空知行路难，中田耕者自高闲。
柳条莺啭清阴里，楸树蝉嘶翠带间。
梦幻百年随逝水，劳歌一曲对青山。
出门捧檄羞闲友，归寿吾亲得解颜。

——《光山道中》

风裘雪帽别家林，紫燕黄鹂已夏深。
三釜古人干禄意，一年慈母望归心。
劳生逆旅何休息，病眼看山力不禁。
想见夕阳三径里，乱蝉嘶罢柳阴阴。

——《初望淮山》

新息、光山、淮山都是黄庭坚由京城返回家乡途中经过的地方。这组纪行诗，不以纪事写景为主，而重在抒写心境，释放心情。

回到双井后，由于科场和授官不如意，他本不想张扬，但亲朋好友认为中进士是天大的喜事，都前来祝贺。碍于祝贺者的一片真诚，不得不笑脸相迎，拱手答谢。

在即将离乡赴任前夕，他利用拜亲访友，在家乡游历山水时，引发了诗人对人生的思索，创作了许多诗词佳作，其中《清明》和《徐孺子祠堂》两诗最为知名。《清明》诗是这样写的：

佳节清明桃李笑，野田荒冢自生愁。

雷惊天地龙蛇蛰，雨足郊原草木柔。

人乞祭余骄妾妇，士甘焚死不公侯。

贤愚千载知谁是，满眼蓬蒿共一丘。

这是黄庭坚在清明时节的触景生情之作。首联以桃花开与荒冢生愁构成对比，流露出了他对世事无情的叹息。二联笔峰一转，展现了自然界万物复苏的景象，与后面联的满眼蓬蒿荒丘，构成了强烈的对比。接着由清明扫墓想到墓地乞食的齐人，由寒食禁烟想到自甘焚死的隐士介子推，不论贤愚与否，到头来都不过是一丘黄土。万里长城今犹在，不见当年秦始皇。诗人看到春回大地的一片生机，想到的却是人生不可逃脱的死亡归宿。此诗体现了黄庭坚的人生价值取向，鞭挞了人性丑恶，看似消极，实则蕴含有对世风的愤慨。

《徐孺子祠堂》一首诗这样写道：

乔木幽人三亩宅，生刍一束向谁论。

藤萝得意干云日，箫鼓何心进酒樽。

白屋可能无孺子，黄堂不是欠陈蕃。

古人冷淡今人笑，湖水年年到旧痕。

凡是读过初唐四杰之一的王勃名篇《腾王阁序》的人，对其中"物华天宝，龙光射牛头之墟；人杰地灵，徐孺下陈蕃之榻"的名句，一定耳熟能详，记忆犹新。黄庭坚通过凭吊名士徐孺子，表达了自古以来高士往往不被重用的落寞情怀，也表达了自己怀才不遇的惆怅心理。生平崇尚杜甫诗法的黄庭坚，此诗"杜味"痕迹十分明显，受应制诗束缚的痕迹也很明显。

黄庭坚写于离家赴任之前的这两首诗，表达了他入仕前对自己人生的冷静思考，透露出了他一开始就存有的"积极入世"与"消极出世"的矛盾心理，也奠定了他人生哲学中持节与超脱相融的基调。

自古以来，有多少人都在进退之间难以取舍，而最后下场落魄。"古人冷淡今人笑，湖水年年到旧痕"这句禅诗告诉我们：不要执着于外物，不为世间诸事牵绊，宁静自己的心灵。放下才是真正的拥有，舍弃才是真正的得到。

雪花飞

携手青云路稳，天声迤逦传呼。袍笏恩章乍赐，春满皇都。何处难忘酒，琼花照玉壶。归騕丝梢竞醉，雪舞郊衢。

——黄庭坚《雪花飞》

这首作于康宁元年的《雪花飞》，《词谱》特别解释说，"此调仅见山谷一词，无别首可校"。《词系》说，"此以词意为名，他无作者"。

黄庭坚为什么要以此调填词，从词中"青云""恩章""何处难忘酒""雪舞郊衢"等句子看，他的心情是极度纠结的，不知道未来的仕途是否顺利。

这一年的初夏，二十四岁的黄庭坚带上母亲、妻子和随行的几个家佣，从家乡分宁启程北上，向遥远的汝州叶县就任县尉之职。

一路跋山涉水，迤逦而行。

黄庭坚痴迷于书法艺术，路上如果发现有古碑石刻的地方，他总要停下来观摩，发现好作品，他便拓下碑刻上的文字。因此，他几乎每天都要耽误一些路程；另外，途中妻子生病，不得不好几次停下来就医治疗。眼看快到汝州了，又碰到汝水上涨，连接官道的大桥被洪水冲毁，又耽误了一些时日。就这样，他们一路走走停停，直到同年九月中旬才到达汝州任所。

官方规定的报到期限早已过去了，黄庭坚超期限一月有余，这在当时是违反纪律的。汝州州长富弼是一位原则性很强的人，他将黄庭坚拘留于幕府中，查问缘由。经过反复说明原因和承认过错，才被释放并同意他到任履职。可以说，年轻的黄庭坚初涉仕途，当头就挨了重重的一棒。

在拘留期间，他写了一首《思亲汝州作》：

岁晚寒侵游子衣，拘留幕府报官移。
五更归梦三百里，一日思亲十二时。
车上吐茵元不逐，市中有虎竟成疑。
秋毫得失关何事，总为平安书到迟。

诗的首联叙说暮秋到汝逾期受罚的境况；颔联渲染远离家乡日夜思念亲人的情形；颈联则借用《韩非子》中庞恭典实和《汉书》中丙吉掌故写曾有人谗言诋毁，幸好上司宽厚，未予严罚；结尾两句点明思亲原因并非是逾期受责，而是因为没有收到家中的书信，不知目前家中的情况而牵挂。

黄庭坚到达叶县后，生活暂时安定下来，其俸禄足以维持全家人的吃饭穿衣问题。

县尉在当时是协助县令处理各种事务性具体工作的低级官吏，相当于今天的副县长。职务虽然不高，但大小公务，都得亲力亲为，因此工作很忙。

初次为官便开局不顺，顿挫锐气，但胸怀救世济民之态的黄庭坚，此时想得更多的还是要施仁政，安抚黎民，建功立业。尽管官微言轻，他对国计民生却表现出了深切的关怀和忧念。

他作于赴任当年的《虎号南山》诗，就对统治者的虐民苛政进行了无情的痛斥："……百夫莫为，其下流血。相彼暴政，几何不虎。父子相戒，是将食汝！伊彼大吏，易我鳏寡。矧彼小吏，取桎梏以舞……"

在这首诗中，他借孔子"苛政猛于虎"之名言指责时政，认为统治者不恤孤寡，滥用刑罚，无疑是陷民于水深火热之中的罪魁祸首。因此，他最后为民大声鼓与呼："岂弟君子，伊我父母，不念赤子，今我何怙！呜呼旻天，如此罪何苦！"

在黄庭坚看来，州县的大小官吏们，既然都称之为父母官，就应该把百姓的冷暖疾苦放在心上，为民办实事、办好事，治下的子民才会有活路。

如果当官不为民做主，属地的民众将无依无靠。

熙宁元年（1068 年）秋冬之际，河朔、京师一带连续发生地震，震后又发生大涝，地震和洪涝导致大量老百姓伤亡，赤地千里，尸横遍野。洪水淹没农田，冲毁村庄和房屋，幸存的老百姓流离失所，背井离乡，纷纷渡黄河寻找安身之地。

对于这次地震和洪涝灾害的惨状，司马光曾向皇帝上疏奏道："今河决之外，加以地震，官府民居荡焉。粪壤继以霖雨，仓廪腐朽，军食且乏，何暇及民！"由此可知，连军粮都无保证，哪有余粮赈济灾民。

看到老百姓遭受突如其来的地震和洪涝灾害的肆虐，黄庭坚忧心如焚，他亲自率领县衙的衙役们，深入灾区维持社会秩序，赈济灾民，帮助人民重建家园，开展生产自救，并将灾区所见所闻，写了一首令人动容的《流民叹》：

> 朔方频年无好雨，五种不入虚春秋。
>
> 迩来后土中夜震，有似巨鳌复戴三山游。
>
> 倾墙摧栋压老弱，冤声未定随洪流。
>
> 地文划劙水府沸，十户八九生鱼头。
>
> 稍闻澶渊渡河日数万，河北不知虚几州。
>
> 累累襁负襄叶间，问舍无所耕无牛。
>
> 初来犹自得旷土，嗟尔后至将何怙。
>
> 刺史守令真分忧，明诏哀痛如父母。
>
> 庙堂已用伊吕徒，何时眼前见安堵。
>
> 疏远之谋未易陈，市上三言或成虎。
>
> 祸灾流行固无时，尧汤水旱人不知。
>
> 桓侯之疾初无证，扁鹊入秦始治病。
>
> 投胶盈掬俟河清，一箪岂能续民命。
>
> 虽然犹愿及此春，略讲周公十二政。
>
> 风生群口方出奇，老生常谈幸听之。

在黄庭坚的眼里，诗歌不是附庸风雅、升官晋级的工具，而是要"以诗补察时政，以歌泄导人情"，返璞归真，达到救济社会、上下交和、内外相谐的目的。他将目光投放到民生疾苦上，将视角定格在现实生活中。他很有才华，而且政治才华出众。深厚的史学见解，使他能够在历史的烟尘深处，俯瞰端倪，指陈得失。

这首颇似杜甫《悲陈陶》《悲青坂》的著名诗作，为人们展现了数万灾民流离失所的悲惨图景，继而还规劝各级官吏对此类灾难应早做预防，做到未雨绸缪，假若待灾后再行施救，虽然也是必需的安民之举，但亡羊补牢，效果就会差强人意。

从这首诗看，黄庭坚在步入政坛之初，就具备了"权为民所用，情为民所系，利为民所谋"的使命感和责任心，能够大胆地为民请愿，敢于讲真话。

不仅如此，黄庭坚用诗歌的形式，真实地记录了地震灾害发生的过程和所造成的惨状，这在中国诗歌史上恐怕是绝无仅有的作品。

熙宁二年（1069 年）的初春，黄庭坚接受任务到舞阳县调查一桩人命案件，住进了舞阳县城西的一座寺庙里。一天吃过午饭后，他到庙后寺塔散步，看到了七年前首次赴京应举时，路过此处书写在塔壁间的诗句，回想到那时首冠乡试，在同学中誉望甚高，其"拂尘落笔之时，观者左右"，而今似乎事隔数百年，恍恍梦中，由此，他感慨不已，写《书舞阳西寺旧题处并序》禅诗一首。序曰：

己酉二月，按斗死者舞阳，授馆在县西浮图，食罢，解衣盘礴，壁间得往岁书。思拂尘落笔之时，观者左右，便似数百年事，信今梦中强记昔梦耳。新物代故物，如十指相为倚伏。抵掌而谈，缩手入袖，遂成前尘造形，乃悟已非其会，矢贯其首，方且睨引弓者谁。故古人尝眇万物，以为言，以谓枢，始得其环中，以应无穷。嗟乎，浩浩七年，其间兴废成坏，所得多矣。自其究竟言之，谁废谁兴？谁成谁坏？非见于我，非我无见，故曰无所见。去言以观吾言，后当有知言者。

万事纷纷日日新，当时题壁是前身。

寺僧物色来相访，我似昔人非昔人。

佛家认为，世间万象的本质是"空"，万物在不停地迁转变化，缘聚而生，缘散而灭，没有一个固定的"性"可以把握。这首诗似乎蕴含了同样的道理。人世间的盛衰在不断地变化，非人力可以改变。就像"万事日日新"，每时每刻都在变化，没有固定形状。如果寻去年的痕迹，不过是"我似昔人非昔人"罢了。此诗饱含了黄庭坚的经历和对世事的理解，尤其表现了他对禅机的领悟。此时，他对世事、世道、世风的认识，已趋于成熟的境界。

在县尉任上，黄庭坚的俸禄并不多，微薄的收入仅供一大家人吃饭开销，经常捉襟见肘，他感叹说，"一囊粟麦七十钱，五人兄弟二十口"，生活并不宽裕。因此，他为家人不得温饱而自疚：

诸妹欲归囊褚单，值我薄宦多艰难。

为吏受赇恐得罪，啜菽饮水终无欢。

永怀遂休一夜梦，谁与少缓百忧端。

古人择婿求过寡，取妇岂为谋饥寒！

——《伤歌行四首》之三

民以食为天。生活落到家人"吃啜菽饮水"的地步，难怪黄庭坚产生了以自耕而得温饱的想法："人间若有不税地，判尽筋力终年锄。"

长时间的贫困生活，使妻子孙兰溪的身体衰弱致疾。

熙宁三年（1070年）暮春，孙兰溪已病体难支，黄庭坚心痛不已，他在《再和答张仲谋陈纯益兄弟》诗中说：

> 渡江羁宦襄江北，红尘染尽春衫色。
> 春畲辍耕草苒苒，瘦妻病余废组织。
> 官仓得粟何常饱，清夜饥肠吟唧唧。

这一年的七月初二日，自感不久于人世的孙兰溪，流着泪对守在床头的丈夫动情地说："此生虽短暂，得遇相公厚爱，妾知足矣！遗憾的是没有给相公生育一男半女的，以了婆婆多年之盼望。如有来世，妾还愿为汝妻！"说罢，不多时便离开了人世，年仅二十岁。

"悄悄的我走了，正如我悄悄地来；我挥一挥衣袖，不带走一片云彩。"古往今来，早逝的红颜，都难逃徐志摩的诗谶。

她走了，他的心碎了。

善良、贤惠、知书达理的孙兰溪过早离世，使黄庭坚跌入了痛苦的深渊，一度痛不欲生，几近于精神崩溃。他久久地独守在爱妻的灵前，任凭谁劝也不愿离去。

曾几何时，与她共听疏雨敲窗，同赏清风明月，冷月轻柔，缠绵如诗，月影里，那飘飘舞动的霓裳，依然缭绕在心头；曾几何时，千里之外，咫尺之间，他与她十指紧扣，生死相依，那轻声细语，那清澈眼眸，都让他感动莫名；曾几何时，他和她朝夕相伴，相知如镜。而今，她走了，他成了失偶的鳏夫。两个人的阳关道，已成一个人的独木桥。

往事并未如烟。蓦然回首，生命中的点滴，历历在目，默默难忘。他饱含深情地写下了悼念爱妻的《菩萨蛮》词、七律《哀世》《红蕉洞独宿》等诗作，并一一烧化在妻子的墓前。

他的《菩萨蛮》，让人惆怅动容：

轻风袅断沉烟炷，霏微尽日寒塘雨。残绣没心情，鸟啼花外声。
离愁难自制，年少乖盟誓。寂寞掩朱门，罗衣空泪痕。

在悼念妻子的几首诗中，《红蕉洞独宿》，如泣如诉，韵律幽幽，悲伤婉转，呜咽低鸣：

南床高卧读逍遥，真感生来不易销。
枕落梦魂飞蛱蝶，灯残风雨送芭蕉。
永怀玉树埋尘土，何异蒙鸠挂苇苕。
衣笸妆台蛛结网，可怜无以永今朝。

这是一首令人肝肠寸断的诗，读来使人唏嘘不已。诗人以叙述与议论起笔，"枕落梦魂飞蛱蝶，灯残风雨送芭蕉"，化用《庄子》中庄周梦蝶的故事和唐明皇与杨玉环的生死之恋，表达梦魂追逐爱妻魂魄之生死难离的缠绵之情，表达自己于秋雨梧桐叶落时的深夜对妻子的深切思念。"永怀玉树埋尘土，何异蒙鸠挂苇苕"一句点明诗旨，在倾诉怀念亡妻的同时，化用《荀子》中"蒙鸠以羽为巢，而编之以发，系之苇苕，风至苕折，卵破子死"的故事，说明自己纵然活在人世，也岌岌可危，将不久于人世，以表达对爱妻的追念。末句以写衣架妆台结满蛛网，表现人去房空的凄惨与悲凉，感叹夫妻阴阳两隔的孤寂。此时的黄庭坚，思想感情完全进入了苏东坡《江城子》中"生死两茫茫""无处话凄凉"的境界。

潮起潮落，春去春又来，朝朝暮暮，几多情伤。熙宁四年（1071年），黄庭坚游黄山时，触景生情，又勾起了对孙兰溪的怀念，在《宿黄山》诗中感叹道：

平时游此每雍容，掩袂今来对晚风。
白首同归人不见，黄山依旧月明中。

花开有期，思念无期，他无法不去回忆。幽幽含悲的声音，溢满了黄山。黄庭坚对孙兰溪爱得太深了。

三、半烟半雨溪桥畔，渔翁醉着无人唤

清平乐

春归何处，寂寞无行路。若有人知春去处，唤取归来同住。

春无踪迹谁知，除非问取黄鹂。百啭无人能解，因风吹过蔷薇。

——黄庭坚《清平乐》

相思是一种刻骨的痛。

青年丧偶的黄庭坚，内心的痛苦可想而知。他每天从县衙回到家中，睹物思人，妻子的音容笑貌会不时浮现在眼前，话也不想多说，饭也吃得很少。

黄老夫人李氏眼见儿子食不甘味，身体日渐清瘦，禁不住暗自落泪。她理解儿子内心的痛楚，又深知"此情无计可消除"。她唯一能做的是，每天到县郊的广教寺烧香拜佛，祈求佛祖能保佑儿子平安无事。

宋词是一部传奇，不仅仅是词与文学，而且堪称管窥时代与人生命运种种传奇的集大成者。在宋词的山林里，有太多太多的"小轩窗，正梳妆。相顾无言，惟有泪千行"。

宋词的情境有两端，一端是风流，一端是落寞。然而所有的风流与落寞，都是情的伴侣。这里，我衍化一下元好问的名句："问世间，情为何物，直教生死相许。"因为"生死相许"，除了梁、祝，古今有几人能做得到？

黄庭坚在汝州叶县工作的三年间，遭遇如此大的变故，让他始料不及。他考虑再三，决定离开叶县这块伤心之地，但又不知往何处去。《清平乐》一词，毫无隐晦地道出了他心中的彷徨和苦闷：

> 春归何处，寂寞无行路。若有人知春去处，唤取归来同住。
> 春无踪迹谁知，除非问取黄鹂。百啭无人能解，因风吹过蔷薇。

与其说这是一首惜春词，不如说是心灵感应词，它表现了黄庭坚对美好明天的渴望。

他开篇两句"春归何处，寂寞无行路"，以疑问句对春归去提出责疑，春天到哪里去了，为什么连个踪影也没有，一个"归"字，一个"无行路"，就把春天拟人化了。

"若有人知春去处，唤取归来同住。"诗人在询问：有谁知道春天的去处，请帮我把它喊回来吧，我现在非常想看到它，需要它。

"春无踪迹谁知，除非问取黄鹂。"眼前，他的周围没有人知道春天在哪里，只有黄鹂才知道春天在哪里。

"百啭无人能解，因风吹过蔷薇。"站在树上的黄鹂，在不停地婉转啼叫，又有谁能懂得它的意思？它不过是自然界的一个小生物而已，仅看一阵风起，它便随风飞过蔷薇花那边去了。春天的脚步，他无法寻找，他心中的寂寞更加深重了。

借景抒情，托物言志。黄庭坚心中的"春"，是一方没有伤心、没有苦恼，只有欢笑的清平乐土。

春天真的来了。

熙宁四年（1071年）初冬，黄庭坚的叶县县尉任满，入京等待另行任职。他在路过洛阳时，写下了《予既不得叶，遂过洛滨，醉游累日》一诗：

> 癯民见我亦悠悠，癯木累累满道周。
> 飞鸮已随王令化，真龙宁为叶公留。
> 未能洗耳箕山去，且复吹笙洛浦游。
> 舍故趋新归有分，令人何处欲藏舟。

诗中，他使用了飞鸮王令、叶龙好龙、许由洗耳、子晋吹笙等传说和典故，抒写了卸任后的行踪、境遇和未能归隐的心境。

"舍故趋新归有分，令人何处欲藏舟。"言外之意是什么？既希望有人赏识，建功立业，又希望身心自由，不受伤害。这样的情绪，也恰恰是黄庭坚弃官归隐的心结。很多人有向隐之心，但一生未能滤清尘世的烦忧，而这种进与退、得与失相互交织的矛盾心理，困扰着黄庭坚一生而无法解脱。

此间，他还写了一首《离汝寄张子》诗：

> 草枯木落晚凄凄，目断黄尘听马嘶。
> 想子重行分首处，荒凉巢父井亭西。

他将离开汝州地域的时间季节和友人送行的情景，在诗中都一一作了交代。

新的任职通知，朝廷还没有下达，黄庭坚却捕捉到了一个新的发展机遇。

这一年冬季，朝廷下诏在四京举办学官考试，黄庭坚应诏参加了这次考试，并以策文优等成绩被录用，官授北京国子监教授。

当时的北宋，疆域并不大，与汉唐盛世相比，不过是大半个中国的地盘。当时号称有四个京都，包括东京开封府、西京河南府、北京大明府和南京应天府。

宋太祖赵匡胤开国建立大宋时，定都汴梁，称东京。当初鉴于汴梁为易攻难守之地，曾想迁都地形更有利的洛阳，称西京，但被赵光义以所谓非在"城坚"而在"德固"之冠冕堂皇的谬论所阻。后来因北抵强敌和南迁江淮之需，又以北面的大名府为北京，东南面的商丘为南京。

黄庭坚参加的学官考试，是特定范围的一种选人、用人把戏，与真正的民主推举选拔制度毫不相干。因为从笔试、面试到评分、录用，几乎都是暗箱操作，整个考取过程，都是由位高权重的主要官员掌控。

此次黄庭坚能顺利通过学官考试并官升一级，除了他货真价实的才华之外，人为因素也在其中起了决定性的作用。如果不是他的舅父李常、岳父孙觉暗中在主考官那里打通关节，黄庭坚的考试成绩即使再好，也不一定保证能被录用。

北京国子监教授属文职官员，主要是负责训导学生、荐送学生应举、修建校舍、编定课程纲目等职能，职级为从七品官衔。也就是说，从副县级干部的县尉，晋升到了正县级干部的职位。

在去北京就任国子监之前，黄庭坚撇下老母，单独回了一次分宁双井老家，直到当年年底才去北京报到。

走马上任之时，他将近几年来省吃俭用的钱买了一处宅子。房屋靠近护城河。此处绿树环绕，鸡犬相闻，远离街市的喧闹。房前有庭院，房后还有一片小花园，这对于好读书练字的黄庭坚来说，无疑是一处难得的住处。这里的居住环境，比起在叶县任县尉时，不知强了多少。

安顿好一家老小后，黄庭坚到官衙报到去了。有了上次在叶县迟到遭拘留的难堪，这次他再也不敢懈怠了。

对于黄庭坚来说，国子监教授这个差事，无论从个人知识结构，还是从人尽其才、才尽其用的角度看，无疑比担任县尉更合适，更能发挥他的所学之长，他也想在这个岗位上大干一场。

但是，现实社会又给他泼了一盆冷水。

当时，北方燕云十六州长期失陷，北京大名府此时成了直接面临契丹威胁的边城。在一个重兵驻守的边境城市，由于文化精英大都已南撤至南京和苏杭等地，生员逐年在减少。因此，北京国子监师资与生员都严重不足，在这种状况下，通常公事较繁忙的国子监教授，现在已经成了一个无所事事的闲职。

进入国子监工作后，黄庭坚发现自己想干事但无事可干。一天，友人林为之送给他一支上好的毛笔，他借题发挥，做了一首《林为之送笔戏赠》，调侃自己无所事事的际遇，并在诗中称赞林氏所赠之笔为上品，但仍不时闲置在一旁，有那么点以物寓人，自嘲"饱食终日，无所事事"的现状。他的诗是这样写的：

> 阎生作三副，规摹宣城葛。
>
> 外貌虽铣泽，毫心或麤枥。
>
> 功将希栗尾，拙乃成枣核。
>
> 李庆缚散卓，含墨能不泄。
>
> 病在惜白毫，往往半巧拙。
>
> 小字亦周旋，大字难曲折。

时时一毛乱，乃似逆梳发。

张鼎徒有表，徐偃元无骨。

橅画记姓名，亦可应仓卒。

为之街南居，时通铃下谒。

晴轩坐风凉，怪我把枯笔。

开囊扑蠹鱼，遣奴送一束。

洗砚磨松煤，挥洒至日没。

耋年学屠龙，适用固疏阔。

广文困斋盐，烹茶对秋月。

略无人问字，况有客投辖。

文章寄呻吟，讲授费颊舌。

闲无用心处，雌黄到笔墨。

时不与人游，孔子尚爱日。

作诗当鸣鼓，聊自攻短阙。

　　由于公事不多，工作难度又不大，黄庭坚很快就熟练地进入了角色，并且每天都能很快地完成自己的任务，多余的时间他可以自由支配，想干啥就干啥。学官工作虽然清寒，但这对"不汲汲于荣名，不戚戚于卑位"，潜心书史的黄庭坚来说，无疑是再理想不过的环境。黄庭坚的业余时间很充沛。

　　随着时间的推移和环境的变换，加之生活阅历的增加，黄庭坚的心态渐渐趋于平静，为人处事越来越成熟老到了。他利用学官工作的便利条件，博览群书，无书不读。不仅重读了儒家经典史籍，还遍览了诸子百家，兼及稗官野史和神话传说。

　　苏东坡记录黄庭坚的一句话，足以说明他对读书的态度："士大夫三日不读书，则义理不交于胸中，对镜觉面目可憎，向人亦语言无味。"

古往今来，大凡做真学问者，往往把手不释卷作为终身选择。

耕读传家久，诗书继世长。通过"学而优则仕""朝为田舍郎，暮登天子堂"，是中华民族独特的政治文化现象。应该说，古代官员大多有一点谈经论典、舞文弄墨的本领，上朝议事，下朝读书，朝出鏖战、暮归讲道的佳话不绝于史。

黄庭坚就是一个极好的典范。

满庭芳·茶

北苑春风，方圭圆璧，万里名动京关。碎身粉骨、功合上凌烟。尊俎风流战胜，降春睡、开拓愁边。纤纤捧，研膏浅乳，金缕鹧鸪斑。

相如，虽病渴，一觞一咏，宾有群贤。便扶起灯前，醉玉颓山。搜搅胸中万卷，还倾动、三峡词源。归来晚，文君未寝，相对小窗前。

——黄庭坚《满庭芳·茶》

茶，与宋人的生活、宋代文化有着不解之缘。宋代三大诗人苏东坡、黄庭坚、陆游，有许多诗咏茶。王士禛《花草蒙拾》认为，黄庭坚的咏茶诗最工、最多。他的咏茶词也很多，多达十余首。

这首《满庭芳》，词牌后面标注"茶"字。其实，诗人是"醉翁之意不在酒"，而是借茶抒怀，品人生、品历史、品社会。

这首词也收进了秦观的《淮海居士长短句》中，为著作权的问题，许多人为之考证。据南宋吴曾《能改斋漫录》卷十七《茶词》"北苑龙团，江南鹰爪"云云，其后修改前作，止咏建茶，"北苑研膏，方圭圆璧云云，词意益工"。吴曾认为此词系黄庭坚的作品。

这首词刻画铺叙，极尽形态，有如一篇茶赋。

黄庭坚的家乡修水盛产茶叶，对茶叶的生产和茶叶的品质优劣十分了解，他在大名府国子监办公室里，由于公务不多，闲来经常同三朋四友品茶论学，因此他的茶词写得相当好。

他的这首《满庭芳》，是在一次朋友雅集的品茶会上创作的，词人先从茶的名贵说起："北苑春风，方圭圆璧，万里名动京关。"北苑在建州，即今福建建瓯，是贡茶的主要产地。王象之《舆地纪胜》引周绛《茶苑总录》说："天下之茶建为最，建之北苑又为最。"从宋太宗太平兴国二年（977 年）开始，建州专门生产龙凤团茶入贡朝廷，北苑茶贵，因此名扬天下。

由于是贡品，采摘当然十分讲究。

宋朝君臣嗜茶如命，赵佶在《大观茶论》中对当时茶艺之精、品茶风气之盛颇为自豪："采择之精，制造之工，品第之胜，烹点之妙，莫不盛造其极。"

蔡襄在他的《北苑焙新茶诗》序中，细致地描写了此茶的采摘生产时间："北苑（茶）发早而味尤佳，社（立春后第五个戊日为春社日）前十五日，即采其芽，日数千工，聚而造之，逼社（临近社日）即入贡。"因此，"春风"二字，指的就是社前之茶。

黄庭坚的另一首茶词《看花回》，是这样写采茶的："香引春风在手，似粤岭闽溪，初采盈掬。"我们可以看出，建瓯在采茶时特别注重时节，而且一天要组织数千制茶工人，把采摘的嫩茶制成"圭方璧圆"的茶饼。据蔡絛《铁围山丛谈》说，建瓯每年可产贡茶"十百饼"，无怪乎有声传"万里名动京关"的品牌效应。

这些细小的茶叶，有如此身价，且进奉御用，简直是有功于社稷，完全可以与"凌烟阁"（唐代所建，表彰开国功臣的地方）中那些流芳百世，为国碎身粉骨的将相功臣平起平坐了。

词是情感的宣泄，每一首词的背后，都有一个真实的故事，每一首词都是时光留下的印记，印在命运途中的脚印。它浓缩的不仅是感情，更是当时的社会风情。

品茶如品人生，古往今来，文人骚客一直视品茶为雅事。

黄庭坚在品茶时，品出了人生况味，品出了历史风云。他这首词中"碎身粉骨"二句，尤见卓识。他以研磨制茶之法以喻将相报国之事，以贡茶之贵比之升业之功，着意联想生发，避实就虚，歌颂那些为国捐躯的英雄人物。

接着，写饮茶之后的作用，"尊俎风流战胜"之句是"战胜风流尊俎"的倒装，意思是茶能解酒驱睡、清神醒脑、排忧解愁。"战胜""开边"，字面切合凌烟功臣。又接着写道：更有红巾翠袖，纤纤玉指，研茶沏水，捧精美茶盏，侍奉身前，堪称一时雅事。"鹧鸪斑"，是指沏茶后碗面呈现的斑点。杨万里在《陈蹇叔郎中出闽漕别送新茶》诗中，逼真地描绘了鹧鸪斑的形态："鹧鸪斑碗云萦字，兔褐瓯心雪作泓。"除有好茶叶之外，还要有好水、好茶具、好的捧盏人，这样才能珠联璧合，相得益彰。

这首词的下片，描绘的是邀朋呼友的集茶盛会。当时，品茶有行茶令的习俗。王十朋在《梅溪文集》中介绍，文人雅士"每会茶，指一物为题，各举故事，不通则罚"。

博古通今的黄庭坚，写自己雅集品茶，却翻出了司马相如的风流韵事。茶可解渴，司马相如"常有渴疾"，他因此以"相如病渴"为题说事。紧接着带出他的宴宾豪兴，又暗折入茶会行令的本题。"便扶起灯前"下四句，承接字面，明写司马相如的酒兴文才，实暗指茶客们豪饮赋诗、比才斗学的雅兴。"一觞一咏"两句，用王羲之《兰亭集序》"群贤毕至，少长咸集……亦足以畅叙幽情"。"醉玉颓山"，用《世说新语·容止》"嵇叔夜……其醉也，傀俄若玉山之将崩"。"搜搅胸中万卷"，用卢仝《走笔谢孟谏议寄新茶》诗"三碗搜枯肠，唯有文字五千卷"。"还倾动三峡词源"，用杜甫《醉歌行》诗"词源倒流三峡水"。这信手拈来的四个典故，正如黄庭坚所倡导的诗文词章"无一字无来去"的主张。最后带出卓文君呼应司马相如，为他们的风流茶会作结，使下片成为一个整体。

他的这首词，围绕一杯茶，说人、说事、说风雅，既展现了他才思的敏捷，更渲染了茶会的品味。为了避免拟定题目"茶"字导致拘而不畅，词人通篇不用一个茶字，翻转于名物之中，出入于典故之间，不即不离，愈出愈奇。特别是用司马相如集宴事绾合品茶盛会，专写古今风流，可谓得咏物词的要领了。

南宋以来的诗评家们，多说黄庭坚"以学问为诗"，此话一点不错。在黄庭坚的诗词中，我们看到他用了许多典故，要想完全弄懂他的诗词，不借助词典，不了解修水的乡俗俚语，读他的诗词，难免会让人一头雾水。

黄庭坚一生爱品茶，关于咏茶的词，约略梳理有《看花回》（夜永兰堂醮饮），《惜馀欢》（四时美景），《品令》（凤舞团团饼），《踏莎行》（画鼓催春），《西江月》（龙焙头纲春早），

《阮郎归》（烹茶留客驻雕鞍）等十首。

这些茶词中，在元祐年间的《品令》，应算是上乘之作。

凤舞团团饼。恨分破、教孤令。金渠体净，只轮慢碾，玉尘
光莹。汤响松风，早减了、二分酒病。

味浓香永。醉乡路、成佳境。恰如灯下，故人万里，归来对影。
口不能言，心下快活自省。

这首《品令》茶词，是黄庭坚在任职京师史局时填写的。

此词起句写茶的名贵。北宋初年各地进贡茶叶，先制成茶
饼，然后用蜡封好，再盖上龙凤图案的印章。这种龙凤团茶，
皇帝也很少赏赐给近臣，足见其珍贵。"恨分破"句，意思是
说皇帝舍不得分与大臣们共同享用的心态。

接着描述碾茶。唐宋人品茶十分讲究，他们先将茶饼碾碎
成末，然后倒入水中煎煮，水沸时的声音有如松涛之声。这样煮
开的茶，清香袭人，茶水还没入口，就已清神醒酒了。

这种煮茶之法，直到今天我们可以看到有些地方的人仍然在
采用，但绝大多数人已不习惯煮茶而采用开水泡茶了。

词的下片，以"味浓香永"承上启下。正待写茶之美，黄庭
坚忽然思绪一转，写道："醉乡路、成佳境。恰如灯下，故人万里，
归来对影。"以如饮醇醪、如对故人来比拟，可见他此时的兴奋
之情。

黄庭坚在写茶诗时，也常发出这样的奇想。他在《戏答荆州
王充道烹茶四首》中道："龙焙东风鱼眼汤，个中即是白云乡。"
他在喝茶时产生了飘飘欲仙的幻觉。此诗也提到了"醉乡"字眼：

"三径虽锄客自稀，醉乡安稳更何之。老翁更把春风椀，灵府清寒要作诗。"怀中之趣，碗中之味，这样的茶道，非泛泛之辈所能感悟，黄庭坚在饮茶的同时，无形中充当了茶文化的开拓者、推进者的角色。

此词用"恰如"二字，明明白白是用以比喻品茶，其妙处只可意会，不能言传。这几句话，基本上是脱胎于苏东坡的《和钱安道寄惠建茶》诗："我官于南今几时，尝尽溪茶与山茗。胸中似记故人面，口不能言心自省。"但是黄庭坚稍加点染，添上"灯下""万里""归来对影"等字，意境又深了一层，形象也更加鲜明了。黄庭坚不愧为诗词高手，他将风马牛不相及的两件事，巧妙地与品茶糅合在一起，将口不能言之味，变成人人常有之情。

作为苏轼的门人，和苏轼一样主张"以诗为词"的黄庭坚，将词赋予了咏物的功能，因此咏物词在他的词集中，早已登堂入室了。

这首《品令》，便是范例。

渔家傲

三十年来无孔窍，几回得眼还迷照。一见桃花参学了。呈法要，无弦琴上单于调。

摘叶寻枝虚半老，看花特地重年少。今后水云人欲晓。非玄妙，灵云合被桃花笑。

——黄庭坚《渔家傲》

　　黄庭坚二十八岁时被任北京国子监教授，因为公务清闲，一晃三年过去了，他也到了而立之年。古人说，三十而立，四十不惑，五十知天命。他觉得这样虚度年华，实在没有什么意义。

　　步入而立之年的黄庭坚，虽然谋得了国子监教授这份较为体面的差事，但他心中并不十分满意。不满意，又能怎样？像他这样循规蹈矩的读书人，又不参悟厚黑学，做官只能听天由命了。也正因为如此，他在而立之年就看淡了红尘，悟透了世道。

　　宋朝国子监教授，薪水低，职位也低，但对个人学问素养和专业水平却要求很高。比如说当时文人必备的琴、棋、书、画之类的基本功，以及国子监必修的礼、乐、射、御、书、数等六艺，就应该样样拿得起、放得下。假如你的学养根基太浅，最好不要去谋学官这份差事，否则，你在大庭广众之下丢人现眼是迟早的事。

　　就拿批阅文书来说吧，如当今怀揣硕士文凭的官员，公众场合满嘴白字，一笔字写得像三脚猫似的，居然还敢到处讲话、题词，当然会被下级背后耻笑。因此，宋代官场流行一句口头禅：百书千书，慎批文书；千官万官，莫当学官。

　　黄庭坚在学官任上干了三年，期满后需等待朝廷重新安置，但是，留守文彦博"嘉其政、赏其才"，向上级推荐他继续留任。

　　在此，我们有理由对黄庭坚留任作这样的评估，一是在官位供不应求的北宋，黄庭坚的学官能当到连任，说明这个位置没有人盯着、候着。二是作为一个清闲的坐冷板凳的官职，拿什么出政绩呢："嘉其政"显属饰词，"赏其才"或许是真话。但是，为何不给他加官晋爵，而保荐他再干一届国子监教授呢？这也许是"不跑不送，原地不动"的缘故吧！

在《大名府志》中，有几句话反映了当时黄庭坚的工作情况："黄庭坚为教授，文行足为学者规范，当时甚推重焉。"这几句明白得不能再明白的话告诉人们，黄庭坚的才能堪当大任，时人对他的评价也很好；不过，有能力者并不一定能得到提拔重用。你还是在学官这个职位上好好干吧！

终身抱守礼、义、廉、耻的儒家思想，是绝大多数中国文人的操守。黄庭坚就是这种类型的文人。但是，这并不等于古代文人没有自己的思想。他们在仕途不如意时，最常用来发泄的方法有三种，一是吟诗作赋，二是借酒浇愁，三是弃官归隐。

此时，黄庭坚写了一首禅宗味极浓的《渔家傲》，坦露自己的心情：

三十年来无孔窍，几回得眼还迷照。一见桃花参学了。呈法要，无弦琴上单于调。

摘叶寻枝虚半老，看花特地重年少。今后水云人欲晓。非玄妙，灵云合被桃花笑。

佛法广大，禅理精深，言难尽意，法不可说。词人虽未言禅，禅意尽在其中。禅既不可说，什么都不必说；佛在当下，禅在当下，在此时此刻的心中。

这首词的大意是：

我已经三十岁了，对禅宗的认识还没有进入门道。我多次求教于得道高僧，仍然没有弄清其中的奥妙。今天看到桃花在枯枝上绽放，才明白了生死轮回的禅理。佛法的真谛在于心性的修炼，就像不解音律的陶渊明，在无弦琴上弹奏《单于》曲一样。

在桃树林中欣赏桃花时，我这个年近半百的人对禅有了醒悟。在桃林中捡起吹落的桃花时，我感悟到了生命的涅槃。禅宗的修行，怎样才能到达彼岸呢？参禅悟道没有玄机，禅宗的境界在灵云寺盛开的桃花上。

黄庭坚此词所演绎的是南岳临济宗福州灵云志勤和尚的故事。在南宋普济的《五灯会元》中也有记载，说灵云在沩山见桃花而悟道，作偈云："三十年来寻剑客，几回落叶又抽枝。自从一见桃花后，直至如今更不疑。"偈中的所谓"剑"，即指佛家的般若慧剑；般若，意谓智慧，是成佛的途径之一。"落叶抽枝"，喻为年复一年地苦心修习参学。

考禅家源流，临济宗属南宗，南宗修禅的根本方法是顿悟，主张无须经过修习而突然发悟。因此，灵云和尚目睹桃花而悟，就是一个很好的例子。

据悉，黄庭坚的禅学根源是出自临济宗派。《五灯会元》将他的座次排在南岳下十三世，称其为"居士"，可见他作此词，有其必然。能作此词者，应是有缘人。

此词前三句，讲灵云三十年蒙昧混沌，几番出入于迷悟之间，最后一见桃花，终于参悟。

"无孔窍"一语，出自于《庄子》。据《淮南子》说，"孔窍者，精神之户牖也。"黄庭坚借此典比喻灵云三十年来的不彻不悟。

得眼迷照，是说灵云几次将悟还迷。佛家有"五眼"之说，即肉眼、天眼、慧眼、法眼和佛眼。其中肉眼和天眼只能看见世间虚妄的幻象,慧眼和法眼才能看清事物的本原。此处的眼,当指慧眼和法眼。何为慧眼?智慧有识别、洞察事物的功用,犹如眼能辨色一样,故名慧眼。了知诸法平等、性空之智慧,故称慧眼。《无量寿经》说:"慧眼见真,能度彼岸。"慧眼是能看出一切假相、真相之眼。当今有一首歌叫《雾里看花》,其中"借我借我一双慧眼吧,让我把这纷扰看个清清楚楚明明白白真真切切",这句歌词可谓深谙禅家之妙。

"呈法要"是得佛法的意思。

"无弦琴"是借用陶渊明的故事。陶渊明不解音律,但他放一张无弦琴在家中,每次有客人在家饮酒时,他便抚弄以寄其意。黄庭坚以此比喻,意在阐述至法无法的禅理;琴有弦,所奏音调总有一定的限制,唯其无弦,方能奏出单于(广大无限)之调。所谓至法无法,是一种纵横自在、道法自然的境界。这是禅宗南宗创始人慧能所倡导,并为后学者大力弘扬的法则。

词的下片,黄庭坚由灵云之事生出感想,大意是说灵云为求"悟"的境界,历经曲折,虚度了半辈子。人们应以此为鉴,趁着年少及早悟道。在黄庭坚眼中,不仅见花能悟道,天地万物,流水行云无不蕴含着道机禅理;参禅学佛并非高不可攀之事,灵云三十年方悟道,真该见笑桃花了。

在黄庭坚看来,灵云三十年的蹉跎,是大可不必的。因为在他身上,顿悟之中还有"渐"的痕迹。而事实上,世间的万事皆可作为顿悟的凭借,正所谓"青青翠竹总是法身,郁郁黄花无非般若"。

黄庭坚一生坚心向佛。黄龙派名僧惟清赞曰:"平生所见士大夫人品，未有出此公之右者。"

《居士集》载有他的一段参禅趣事："鲁直诣晦堂问道，晦堂曰：'论语曰：二三子以吾隐乎，吾无隐乎尔。公居常如何理论？'鲁直呈解。晦堂曰：'不是，不是。'鲁直迷惘不已。一日，侍晦堂山行，时木樨盛放，晦堂曰：'闻木樨香否？'曰：'闻。'晦堂曰：'吾无隐乎尔？'鲁直释然，即拜之。"

黄庭坚另有一首诗，所咏的也是灵云（诗作"凌云"）的故事，其诗曰："凌云一笑见桃花，三十年来始到家。从此春风春雨后，乱随流水到天涯。"诗中摄入了桃花和春风两大审美意象。春风春雨，象征着时间维度，同时又具有警动人心的作用。在佛家看来，只有体悟到了佛教"空"的本质，才能领悟到"桃花"中的真义。春风春雨年年有，每到春来桃花开，时间和空间是永恒不变的。黄庭坚一生写有数十首禅诗，曾在诗中自谓"吃茶吃饭随时过，看山看水实畅情"，可谓深谙禅宗。

在大名府，黄庭坚结识了诗人谢景初。谢氏诗学杜甫，很欣赏山谷的诗作。一次他对诗友们说："吾得婿如是足矣！"此语传到黄庭坚耳边后，他前往谢家求婚，谢景初没有食言，果然把女儿嫁给了黄庭坚。谢氏之女持家勤俭，知书达理，孝敬婆婆，与黄庭坚夫妻和睦。然而天妒红颜，谢氏于元丰二年（1079 年）不幸病逝于北京住所，年仅二十二岁。谢氏生育一女，起名黄睦，由黄老夫人抚养。在此期间，翁婿多有酬唱，黄庭坚说他多"从谢公得句法"。

菩萨蛮

半烟半雨溪桥畔，渔翁醉着无人唤。疏懒意何长，春风花草香。
江山如有待，此意陶潜解。问我去何之，君行到自知。

——黄庭坚《菩萨蛮》

黄庭坚当了三年多的从七品国子监教授，连个转正的机会也没有，尽管他参禅已达顿悟境界，但他心里仍然有些失落。不仅如此，他的这个国子监教授，还是遇到"贵人"暗中帮助才有今天的。这个贵人，就是王安石。

此话还得从他任叶县县尉时说起。

有一次，黄县尉到一个邻县出差，调查一个民事纠纷的案子，不料路途遇暴风雪，被困在一个叫新寨冲的地方。夜来闷闷不乐，他有感而发写了一首《雪宿新寨冲忽忽不乐》诗：

县北县南何日了，又来新寨解征鞍。
山衔斗柄三星没，雪共月明千里寒。
小吏有时须束带，故人颇问不休官。
江南长尽捎云竹，归及春风斩钓竿。

滥诗人不闻，好诗人传诵。他的这首诗，见人见事见思想，一传十，十传百，很快就传到了千里之外天子脚下的汴京，引起了时任副宰相王安石老先生的关注。

当时，王安石正在为推行新法而网罗天下人才，对于那些敢于创新、不拘陈规的青年才俊，他就会不遗余力地发掘和提携。唐宋八大家之一的王安石读到此诗时，不禁击节叹赏："黄某清才，非奔走俗吏。"意思是说，黄庭坚超凡脱俗的才华，那些靠拉关系走后门的庸官是无法相比的。

也许正是这个原因，黄庭坚参加学官考试能顺利通过，并由八品县尉提拔为从七品学官，王安石是在暗中助了一臂之力的，或者说至少在审批各地进呈学官名单时，他在黄庭坚的名字下面，画了一个圆圈。

这就是人们常说的"朝中有人好做官"的好处。然而这些幕后故事，黄庭坚哪里知道。

此时，王安石新筑草堂于半山，引八功德水作小港，其上垒石作桥。这个新筑的草堂，王安石很是满意，他当时集古人的诗句填《菩萨蛮》词一首，以记草堂风雅：

数间茅屋闲临水，窄衫短帽垂杨里。花是去年红，吹开一夜风。
梢梢新月偃，午醉醒来晚。何物最关情，黄鹂三两声。

黄庭坚曾批评王安石作集句诗是"百家衣"，以为"正堪一笑"，当他看到这首集句词作后，心血来潮，也填了一首集句词《菩萨蛮》，托物寄情，抒发人生的无奈：

半烟半雨溪桥畔，渔翁醉着无人唤。疏懒意何长，春风花草香。
江山如有待，此意陶潜解。问我去何之，君行到自知。

黄词开篇二句，以极自然轻盈的笔法，描绘了一幅闲适优雅的溪桥野渔图，一片氤氲迷蒙的山岚水雾中，是烟是雨，叫人难以分辨，真是空翠湿人衣。溪边桥畔，有渔翁正醉酒酣睡，四周悄无声息，没有人来惊破他的好梦。

"疏懒意何长，春风花草香"，化用杜甫《西郊》中"无人觉来往，疏懒意何长"和《绝句二首》中"迟日江山丽，春风花草香"诗句。这两句诗，不仅从字面看放在这里十分贴切，从原作的意境看，也与这首词境相契合。更重要的是通过这句诗的媒介，将我们导向了杜甫的诗境，这些诗境又反过来丰富了这首词本身的意蕴。这一艺术处理，有效地展现了风光明媚、生机勃勃的世界。可谓脱胎换骨。

"江山如有待"是黄庭坚移用杜甫《后游》中的诗句，词人向往大自然的美好，却隐而不说，而从对面作笔，将自己的感情移植到无生命的江山自然上，通过拟人化的描写，表现"我见青山多妩媚，料青山见我应如是"那种人与自然交流相亲、物我不分的情感意绪。这样，词上、下片意境相应，只将前面"疏懒意何长，春风花草香"的词意发展为对自然生活的向往与追求，可谓点石成金。此时，词人想到了隐逸山林的陶渊明，并随手拈来了杜甫《可惜》中的一句诗"此意陶潜解"，将自己对山川自然的向往之意，落到了抛弃名利隐逸田园的陶渊明身上。

"此意陶潜解，吾生后汝期。"这是杜甫感叹生不逢时，恨不能与陶渊明同归田园的感叹。"问我去何之，君行到自知"，词人接住杜甫诗意，表明自己的态度，他不学杜甫的感慨而是步先哲的后尘。决心归隐，但到底去何方呢？是山野，是林莽，是田园，我无可奉告。不过，你如果跟在我的后面，一定会知道我的踪迹的。

烟雨、桥畔、渔翁、花草、江山、陶潜，这六种最为精美动人的词融合在一起，立马幻化产生出一个全新的境界来：新桃花源。

这种消极处世的心态，只有仕途不如意的人才会萌发。

黄庭坚从县尉升任学官之后的好几年，一直没有人关心他的政治前途。他的自身素质没得说，从政经历也足够，又有朝中重臣的关注，仕途应该是一片光明。可是，三年一届的学官将满期时，仍然被冷落在从七品的职位上。

一个纯粹的文化人，他的阅读、思考或者写作，终究会回到一个清丽多姿、纯净和婉的文化空间里。黄庭坚的性格固然有些不合时宜，但诗人或者艺术家，大都禀性独特，不足为奇。他宛若一株兰花，固守君子之德，清高傲然，当那些不起眼的小花静静地绽放开来，我们能嗅到一股独特的清香，沁人心脾。

失之东隅，收之桑榆。当上帝给你关上一扇门时，他就会给你打开一个窗户。

宋熙宁五年（1072年）初，黄庭坚任职北京国子监教授不久，在南方名城杭州任通判的苏轼，一次在友人处听到了黄庭坚的诗名，对他的才学有过初步印象。同年底，苏轼到湖州出公差时，他专程去拜访当地父母官又是老朋友的孙觉。在孙觉的家中，宾主寒暄之后，孙觉拿出收集到的黄庭坚的诗文，请苏轼评点。苏轼翻阅几篇后，赞叹不已。品过香茶后，孙觉说："苏大人是公认的当今文坛领袖，下官的女婿黄鲁直工诗善文，还望大人多加提携和关照啊！"

苏轼答道："令婿之诗文，才气过人，文笔老到，超逸绝尘，韵味古朴，适才拜读，我差一点以为非今世之人所作啊！"

孙觉笑而道："鲁直的名声，人知之者尚少，子瞻兄能为其扬名吗？"

苏轼笑而回答："此人如精金美玉，不即人而人即之，何劳我为他扬名啊！"

文人之名，除了白纸黑字的文章，还有一个重要的出名途径，便是借助别人的评论，进行炒作传播。今天有不少作品，文章未火，炒作先热，可谓加葱拌蒜，香气四溢。孙觉深谙此道。

苏轼告辞之际，对孙觉说："莘老兄，令婿之才不待多言，然观其文以求其为人，必轻外物而自重者，今之君子，莫能用也！"

不能不佩服苏轼的眼光，不能不佩服苏轼的影响力，几个普通士子经过他的奖掖提携，黄庭坚、秦少游、张耒、晁补之、陈师道……后来都是名扬天下，成为诗坛一景。

对苏轼入情入理的一番话，孙觉连连点头称是。因为在他的眼中，当今之世，论纵横全才，只有苏轼与黄庭坚堪称出类拔萃的双璧，而且苏轼是百年难遇的天才，以深度和广度而论，苏当然在黄之上。俗话说，文无第一，武无第二。可以说，在当今文坛，如果说苏轼自称第二，就绝对没人敢称第一。

金代大诗人、大诗评家元好问十分崇尚苏东坡、黄山谷，他说，宋代诗人，惟"坡、谷"二公尽得风流。

在苏、孙二人的这次谈话中，苏轼以他文坛盟主的目光，看出黄庭坚具有卓越的才华时，也看到了黄庭坚傲骨脱俗、难为世用的秉性特点。可谓是推己及人、一语中的。

对于孙觉来说，尽管此时爱女孙兰溪已亡故，黄庭坚又续娶了谢氏，但他还是把黄庭坚视为自己的女婿，仍然为推举黄庭坚扬名天下而不遗余力。

大约过了五年，苏轼转徐州赴任，途经济南时，他拜会了时任齐州知州的老朋友李常，同时也结识了正在此探亲的黄庭坚的兄长黄大临。

在李常家中，苏轼又阅读了黄庭坚少年游学时的习作和近年寄给舅父的大量诗文作品，对黄庭坚更是称赏有加，坚信黄庭坚的诗文不但会独领时代风骚，而且会影响后世。

仍在北京任学官的黄庭坚，从岳丈孙觉、舅父李常的来信中，得知有"天下第一才子"之称的苏轼对自己的高度赞誉后，于元丰元年（1078 年）第一次给苏轼写信，表达感激和钦佩之情，同时寄去诗作《古诗二首上苏子瞻》，虚心向苏轼求教。诗曰：

（一）

青松出涧壑，十里闻风声。

上有百尺丝，下有千岁苓。

自性得久要，为人制颓龄。

小草有远志，相依在平生。

医和不并世，深根且固蒂。

人言可医国，可用太早计。

小大材则殊，气味固相似。

（二）

江梅有佳实，托根桃李场。

桃李终不言，朝露借恩光。

孤芳忌皎洁，冰雪空自香。

古来和鼎实，此物升庙廊。

岁月坐成晚，烟雨青已黄。

得升桃李盘，以远初见尝。

终然不可口，掷置官道旁。

但使本根在，弃捐果何伤。

苏轼认为"古诗二首，托物引类，真得古人之风"，称赞其"超逸绝尘，独立万物之表；驭风骑气，以与造物者游"，并谦称"轼非其人也"。

黄庭坚早就拜读过苏轼的诗文，认为他的"学问文章，度越前辈"，并一再表示要追随苏轼左右，以成为苏门的入室弟子为荣。

此后，苏轼的虚怀若谷、坦诚相待，黄庭坚的高山仰止、见贤思齐，频频见于二人的来往书信之中，这些让人感到了两大文豪惺惺相惜和神交心念之情。

以黄庭坚上书苏轼《古风》二首为起点，苏、黄相交开始成为文坛佳话。此后，两位大诗人、大词人、大书法家，虽长时间难得见上一面，但相互牵挂，书信频繁，既互表钦佩和思念之情，又相互砥砺和切磋诗文，并结下了足可与李白、杜甫比肩，令人赞叹的情谊。

四、教人每日思量，到处与谁分付

昼夜乐

夜深记得临岐语，说花时、归来去。教人每日思量，到处与谁分付。其奈冤家无定据，约云朝、又还雨暮。将泪入鸳衾，总不成行步。

元来也解知思虑，一封书、深相许。情知玉帐堪欢，为向金门进取。直待腰金拖紫后，有夫人、县君相与。争奈会分疏，没嫌伊门路。

——黄庭坚《昼夜乐》

宋元丰三年（1080 年）秋，黄庭坚连任学官期满，由北京南下汴京。按照大宋的吏制，准备到朝廷去听候任命新的职位。

当时，吏部计划任命他为卫尉寺丞著作佐郎，不料正好碰上此时苏轼"乌台诗案"事发，黄庭坚受到牵连。原因是有人举报他"收受讥讽文字而不申缴"，还被罚铜二十斤（约合 150 两银子）。好在朝中的王安石帮他说话，几经周折之后，最终吏部派他到吉州太和县（今江西泰和县）担任县令。

这次改官好歹升迁为行政一把手的七品县令，而且太和与分宁相隔不远，总算是实现了他当初期望在家乡附近任职的初衷。从他出发时吟咏的"又持三十口，去作江南梦"诗句看，这个七品县令，他还是比较满意的。

当黄庭坚携家带口从汴京南下，抵达淮南东路时，他吩咐随从照顾家眷，先行一步去吉州太和县，他要去与当年游学时期结识的一班文友畅叙离别之后的情思。

黄庭坚先是前往楚州山阳见以孝行著称的朋友徐积。接着到高邮拜访诗词名家秦观，并带上了他自己编订的《焦尾》《弊帚》两本诗集，请秦观赐教。

黄庭坚与秦观的相识有两人是关键，一个是苏轼，一个是孙觉，他俩人与秦观是同乡。在苏轼和孙觉的介绍下，他们早就互相倾慕，并偶有文字往来。这年的秋天，在家乡"杜门却扫，日以文史自娱"的秦观，会晤了赴官太和特来相访的黄庭坚，互以诗文相赠，欢聚了两天。秦观十分喜爱黄庭坚的书法，此时，他请黄庭坚用行书来书写自己的《龙井》《雪斋》两篇记文，寄给钱塘寺僧，镌刻于石碑上。

黄庭坚离去后，到扬州时致信并附寄《次韵孙莘老斗野亭》诗作给秦观，到真州又寄一信并附《十月十三日泊江口》诗一首。

苏门四学子之一的秦观，对黄庭坚的人品和诗文推崇备至，他在回信中说：每览《焦尾》《敝帚》两篇，辄怅然终日，殆忘食事。"在这一年最后不到两三个月的时间里，他多次写信给友人，赞赏黄庭坚的诗文。

辞别秦观之后，黄庭坚由扬州溯江西行，过芜湖会见同科进士以《卜算子·我住长江头》而闻名天下的李之仪。又在舒州与舅父李常再度会面，此时，李常担任淮南西路提点刑狱。

黄庭坚在舒州逗留期间，他与李常一行游览了佛、道两教名山潜山。山中有一山谷寺，为南朝梁代宝志禅师所建。他在石牛洞刻石题名并赋诗三首，其中《题山谷石牛洞》诗曰：

> 司命无心播物，祖师有记传衣。
> 白云横而不度，高鸟倦而犹飞。

"司命无心播物，祖师有记传衣。"诗的开篇便已经禅味十足，点明佛教之徒只有弃除世俗的熏染，才能在山林造化之中求得人生的真谛。"白云横而不度，高鸟倦而犹飞。"诗人崇信佛禅，因而自性净，不为外物所染，不为名利所动。他直白地表达了寄情山水林泉胜地和对佛道境界的向往。在山谷洞，他感悟到了天地的力量非人力所能动摇，人生都是山谷洞的过客，从此，他自号"山谷道人"。

由于一路拜亲访友和寄情于山水之乐，直到元丰四年（1081年）春夏之交，他才到达太和县衙上任。

一县之长的走马上任，在山高皇帝远的太和，自然是轰动了县城。

在县衙头一天升堂办公，县中的大小官吏都前来一一见过知县大人。儒学工商界有头有脸的人物，也前来拜见黄知县。

黄庭坚退堂之后，前来拜见的人流依然不断。有的下接风洗尘酒宴请帖，有的送见面礼，还有的来拉关系、攀亲戚，搞得黄庭坚身心疲惫。人生最大的浪费，便是将有限的时间用于无休无止的迎来送往和宴请吃喝上。痛恨官场侈靡之风的他，表面上还不得不表现出热情的样子。

从学官到知县，官职仅在半级，但风光大不一样。学官门可罗雀，县官门庭若市，这才真正应验了后来人们所说的"三年清知县，十万雪花银"的官场流弊。

对于"君子爱财，取之有道"的黄庭坚来说，当然不会收受这些不义之财，他在"情可领，礼不收"的言语下，退还了别人孝敬他的钱财礼品，送走了不请自来的客人。

黄庭坚的第二任妻子谢氏死后，他至今仍然未娶。年逾花甲的黄老夫人李氏，刚把随儿子到任所的一大家子人安顿好后，便悄悄托人给儿子寻找填房媳妇。到任第二年，黄老夫人便为儿子把婚姻大事搞定了。

黄庭坚的第三任妻子石氏，嫁给黄庭坚后给他生了一个儿子，取名黄相。由于石氏出身低微，黄氏宗谱上都没有留下她的芳名。

主政太和之初，衙门里的大小事务，黄庭坚都得亲力亲为。因为在他眼里，属下的办事能力和办事方法，很难让他满意。特别是迎来送往和各种各样的酒宴应酬，更让他感到身心疲惫不堪。好在他曾当过一任县尉和两任学官，对于看不惯的种种官场行为和潜规则，多少也学会了容忍并从中周旋。

因为官微言轻，对于日益蔓延的官场腐败和污浊的社会风气，他既非常痛恨，也感到无能为力，甚至有时不得不昧着良心，随波逐流。

然而，作为一个有良知的文人，黄庭坚对宋初以来的国势羸弱，北方辽国虎视大宋的局面，以及王安石推行变法导致的混乱局势，和由此引起的愈演愈烈的竞争，他是忧心忡忡，寝食难安。他预感到了国家已陷入了空前的政治危机，但又找不出化解危机的良策，更看不到出路在哪里。

历史的天空有时在重演似曾相识的风云变幻，许多朝代的更替兴亡如出一辙。黄庭坚所处的时代，是一个危险的时代。北宋末与大唐末的天空，同样残阳喋血，不堪回望。那个梦寐以求的盛世，在党争倾轧的折腾下，一步步滑向深渊。

此时北宋的社会，表面是一派歌舞升平的景象，其实正暗流涌动。他有感而发，一首《昼夜乐》流出他的笔端：

夜深记得临岐语，说花时、归来去。教人每日思量，到处与谁分付。其奈冤家无定据，约云朝、又还雨暮。将泪入鸳衾，总不成行步。

元来也解知思虑，一封书、深相许。情知玉帐堪欢，为向金门进取。直待腰金拖紫后，有夫人、县君相与。争奈会分疏，没嫌伊门路。

"教人每日思量，到处与谁分付。""将泪入鸳衾，总不成行步。"歌舞升平、醉生梦死的生活背后，黄庭坚看到的是一个王朝已经病入膏肓。他的内心是多么苦闷、忧虑、彷徨！

他不时想到有朝一日能摆脱"为向金门进取"的羁绊，归隐分宁老家，过上"有夫人、县君相与"的世外桃源的生活，做一个与世无争的隐士或者一介平民。

心中有苦闷而诉诸笔端，是古代文人惯用的一种手法。

在任职太和县令之初，他写下了《到官归志浩然二绝句》的诗来表明心迹：

（一）

雨洗风吹桃李净，松涛聒尽鸟惊春。

满船明月从此去，本是江湖寂寞人。

（二）

乌乌未觉常先晓，笋蕨登盘始见春。

敛手还他能者作，从来刀笔不如人。

这两首诗，风格冲淡自然，既有空灵的禅境，也不乏生活气息。

从"满船明月从此去，本是江湖寂寞人"，"敛手还他能者作，从来刀笔不如人"等诸多诗句可以看出，黄庭坚的归隐之意在字里行间流露出来。特别是续娶第三任妻子之后，安置在太和的家眷相对安定，使他暂无家庭所累的后顾之忧，他的归隐之情尤为明显。他在与亲友的诗词唱和中，辞官归田之意更浓。在《同韵和元明兄知命弟九日相忆二首》诗中，他的归隐思想作了更进一步的释放：

（一）

革囊南渡传诗句，摹写相思意象真。

九日黄花倾寿酒，几回青眼望归尘。

蛊为学问文章误，晚作东西南北人。

安得田园可温饱，长抛簪绂裹头巾。

（二）

万水千山厌问津，芭蕉林里自观身。

邻田鸡黍留熊也，风雨关河走阿秦。

鸿雁池边照双影，脊令原上忆三人。

年年献寿须欢喜，白发黄花映角巾。

"安得田园可温饱，长抛簪绂裹头巾。"此时此刻才发现，我平生所念所为，所追求的功名利禄，都是一片浮光尘影，根本无法捕捉，还不如做一名"田舍翁"自在。

"年年献寿须欢喜，白发黄花映角巾。"远离那些虚幻的功名利禄吧，一家人在田园中长相厮守，与天地同寿，比什么都惬意。

此外，他还在《次韵杨子闻见赠》中说，"莫要朱宝缠缚我，陆沈世上贵无名"。放下是一种觉悟，更是一种心灵的自由与快乐。现实中的每一个人都在追求快乐，但却没有人真正了解什么才是快乐。其实快乐很简单，只要能够放下你该放下的东西，你就会拥有快乐。此时的黄庭坚看似悟透了快乐，其实他根本没有完全进入"佛"的境界。不然，他完全可以师法陶渊明，弃官归隐。

诗言志。从这些诗作中，黄庭坚表达出了与日俱增的厌烦官场情绪，回归田园的心态更加直白。

蝶恋花

海角芳菲留不住。笔下风生，吹入青云去。仙籍有名天赐与，致君事业安排取。

要识世间平坦路。当使人人，各有安身处。黑发便逢尧舜主，笑人白首耕南亩。

——黄庭坚《蝶恋花》

在太和县当知县期间，黄庭坚归隐田园的心情虽然很强烈，有"撂挑子"的动机，但他是一个有责任心、爱民心的人，并始终保持了一个士大夫清正廉洁和"不以民为梯，俯仰无所怍"的道德品行。正所谓，食君之禄，忠君之事。在太和执政不久，为了时时提醒自己在其位、谋其政、履其责，他亲笔书写了后蜀孟昶《戒石铭》中的"尔俸尔禄，民膏民脂；下民易虐，上天难欺"十六字箴言，并刻成石碑立在县衙门前，旗帜鲜明地表达和传扬匡扶社稷、廉洁从政和敬民爱民的志向。

他不想做一个庸官、懒官、贪官。

但是，他对朝廷推行的政策，又有些抵触情绪。

他与现实政治的矛盾或者说不兼容，主要是对新法扰民的问题强烈不满。

读宋词是一种艺术享受。但如果兼读宋史，联系当时的情况，词史并读，人文并重，还可以品出由词而外的更多味道来。

我每每读黄庭坚的词，总有些揪心的感觉。他的词，含有绵绵忧愁，恰似"秋风秋雨愁煞人，寒宵独坐心如捣"。

这首《蝶恋花》词，便饱含着家国情怀的揪心：

> 海角芳菲留不住。笔下风生，吹入青云去。仙籍有名天赐与，致君事业安排取。
> 要识世间平坦路。当使人人，各有安身处。黑发便逢尧舜主，笑人白首耕南亩。

黄庭坚的词，总是能将读词的人潜伏于心底的良知，于瞬间喷涌而出，这首《蝶恋花》便是一个很好的例子。

做官不能为了一己私利而不顾老百姓的死活啊！"仙籍有名天赐与，致君事业安排取。""当使人人，各有安身处。"才是老百姓拥戴和信任的好官。

对于朝廷推行的所谓新政，他写下大量诗歌进行抨击。病从口入，祸从笔出。这些诗词给他的仕途带来了说不清道不明的麻烦。

在太和任上，他施政宽简，主张"因法以便民"。对于王安石强制推行的新法，他在不得不执行的过程中，敢于在实际工作中做出一些利民、便民的调整和修正；对于害民、扰民的政策，则想方设法进行抵制，尽可能减轻新法给老百姓带来的经济负担。

北宋的官盐销售政令，说白了，是一种变相的税收制度。由于官盐质次价高，难以与屡禁不止的私盐竞争。官府打击私盐不力，就利用公权力，强制消费者定额认购官盐，甚至对不买官盐的家庭，也要按户计口纳税。在强买强卖的市场环境下，各级官吏采取克扣斤两、哄抬盐价、以次充好，从中盘剥百姓，中饱私囊。贪官们的所作所为，让老百姓叫苦不迭。

因为有利可图，当时绝大多数州县官吏，都不遗余力地争占盐赋份额，以此邀功和渔利，唯独太和县不是这种乱象。

为了弄清售盐情况，黄庭坚深入到太和县最边远的大蒙笼等地调查民情。他发现山民们对官府推行的盐政十分反感和轻慢，经过与民众面对面的交流，才明白官盐专卖给老百姓带来的伤害。

古今才子，大多才情兼备，然而性情与风格各不相同。黄庭坚眼里是容不得半点沙子的人，因为嫉恶如仇，所以对遇到的不平之事，非得要一吐为快。在《上大蒙笼》一诗中，他是这样痛骂时政的：

黄雾冥冥小石门，苔衣草路无人迹。

苦竹参天大石门，虎远兔蹊聊倚息。

阴风搜林山鬼啸，千丈寒藤绕崩石。

清风源里有人家，牛羊在山亦桑麻。

向来陆梁嫚官府，试呼使其问其故。

衣冠汉仪民父子，吏曹扰之至如此！

穷乡有米无食盐，今日有盐无米食。

但愿官清不爱钱，长养儿孙供驱使。

这首诗，给我们描绘的是一幅"穷乡僻壤图"，给人以满目凄凉。

诗的后四句是说，山里的百姓原本是有米无盐，将就吃些不放盐的清淡食物，如今因为配盐连买米的钱都被盘剥光了，只能是忍饥挨饿。如此这般，他呼吁朝廷在政策上应改弦易辙，与民休养生息，让百姓安居乐业，以繁衍子孙，不断提供劳力，国家才能长治久安。

在黄庭坚心中，文以载道，当如屈原、阮籍那样有真性情的古人高士，抒肺腑之言，发金石之声，掷地铿锵，振人心胸。他的另一首题为《丙辰仍宿清泉寺》的诗，也揭露了食盐专卖伤农、害民的问题：

山农居负山，呼集来苦迟。

既来授政役，谣诼谓余欺。

按省其家赀，可忍鞭挞之。

恩言谕公家，疑阻久乃随。

> 媵口终自愧，吾敢乏王师。
> 官宁惮淹留，职在捫惸嫠。
> 所将部曲多，涸汝父老为。
> 西山失半壁，且复下囊韬。
> 啼鸦散篇帙，休吏税巾衣。
> 石泉鼓坎坎，竹风吹参差。
> 书冷行熠耀，壁虫催杼机。
> 昏釭夜未央，高枕梦登巇。

诗人多愁。偏偏黄庭坚又赶上了北宋末年这个令人发愁的多事之秋。大宋立国刚刚开了一个好头，盛世的赞歌还没有写完，不接"地气"的变法在大宋的城乡推行，黄庭坚不得不从一个朝廷命官而成为"国殇"式的挽歌撰写人。

为调研盐政情况，黄庭坚走村串户了解民情。身为县令，朝廷的政令不能不执行，但他看到山里老百姓实在太苦、太穷了，因此他暗暗发誓，宁可完不成赋盐任务，也绝不伤害可怜的山民。

他此次下乡调查赋盐政策情况，足迹踏遍了太和县的所有乡镇。先后走访的有大蒙笼、万岁山、早禾渡、观山、劳坑、刀坑口、雕陂等深山老林村落，甚至连人迹罕至的水槎十八排山峰，他也不辞辛苦去了一趟。

当时的雕陂是一个连老鹰都不落脚的地方，是罗霄山脉下一处极少与外界联系的穷乡僻壤。当地山多田少，土地贫瘠，山民们主要以烧炭为生，生活十分困难。

为了真实地了解社情民意，元丰五年，他来到了被政府官员遗忘的角落——雕陂。

当身着粗布短衫、脚穿麻鞋的黄县令，带着两名跟班衙役沿着羊肠小道，翻山越岭到达村长家里时，闻讯赶来的山民们简直不相信县令大人真的来了，他们把老村长的家门口围得里三层外三层，想亲眼看看县令大人的面容。因为在此之前，他们还没有见过这样级别的官。

不仅如此，连住在深山破寺庙的老和尚，也赶来看热闹，以目睹县令大人的尊容为幸事。

雕陂村的村长见大家叽叽喳喳议论不休，忙站出来说："乡亲们，请大家安静一下，有请黄大人给我们训话。"说着，带头跪下，乡民们都连忙跟着跪下，向知县大人叩头。

黄庭坚见村民们齐刷刷地给他跪下，忙示意大家说："父老乡亲们，大家快快请起呀！如此大礼，我黄某人怎么受得起哟！"

老和尚站起身来感叹地说："老衲佛寿八十挂零，知县大人进山到此荒野之地，可谓是盘古开天地头一回呀！出家人不打妄语，各位施主然否？"

村民们连声称是，都说在深山老林能面对面见到县太爷，这在雕陂的历史上还是头一次。

黄庭坚双手抱拳见过大家后说："乡亲们，我同样是长的一个鼻子，两只眼睛，跟大家没有什么两样，你们说是吧！"

村民们见黄庭坚平易近人，毫不摆县太爷的架子，感情一下子拉近了许多。于是，大家纷纷上前请黄庭坚到家里喝茶吃饭。黄庭坚也十分愿意与这些穷苦村民交朋友，拉家常，因为他想从中了解到村民们的所思、所想、所求、所急。

在雕陂的走访调查中，黄庭坚不仅掌握了当地村民的生活情况，而且赢得了村民对他的信任和爱戴。

雕陂的所见所闻，又一次触动了黄庭坚不吐不快的诗兴，他创作了《雕陂》一诗：

> 雕陂之水清且泚，屈为印文三百里。
> 呼船载过七十余，褰裳乱流初不记。
> 竹舆岖垭山径凉，仆姑呼妇声相倚。
> 篁中犹道泥滑滑，仆夫惨惨耕夫喜。
> 穷山为吏如漫郎，安能为人作嚆矢。
> 老僧迎谒喜我来，吾以王事笃行李。
> 知民虚实应县官，我宁信目不信耳。
> 僧言生长八十余，县令未曾身到此。

这首叙事诗，更像一部报告文学。诗中的"吾以土事笃行李"，"知民虚实应县官"，意为在推行官盐政策上，黄庭坚不愿强买强卖，作为县官，应考虑老百姓的经济承受能力，不能不顾老百姓的死活。

在《宋史·黄庭坚传》中，史官给了黄庭坚足以名昭后世的评语："知太和县，以平易为治。时课颁盐荚，诸县争占多数，太和独否。吏不悦，而民安之。"这段盖棺定论的文字，黄庭坚地下有知，应该含笑九泉了。

官做到这个份上，仰不愧于天，俯不愧于民。一个字：值。

逍遥乐

　　春意渐归芳草，故国佳人，千里信沉音杳。雨润烟光，晚景澄明，极目危栏斜照。梦当年少。对樽前、上客邹枚，小鬟燕赵。共舞雪歌尘，醉里谈笑。

　　花色枝枝争好，鬓丝年年渐老。如今遇风景，空瘦损、向谁道？东君幸赐与，天幕翠遮红绕。休休，醉乡岐路，华胥蓬岛。

——黄庭坚《逍遥乐》

　　在其位，谋其政，是黄庭坚的为官之道和行为准则，但时政背景又使他陷入了两难境地。王安石推行的所谓新法，让他十分纠结。经过深入细致的调查研究，他对新法伤民的事，扎扎实实做了一些功课。

　　比如说王安石最为看重的"青苗法"，朝廷推行的初衷本来是利为民所谋，王安石本人在鄞县任地方官时曾做过试验，"贷谷于民，立息以偿"，效果也确实不错。然而，当他将此法推向全国并同比例放大时，其结果却南辕而北辙，事与愿违。

　　比如，那些不识字的普通老百姓去申请青苗法的贷款，要经过申请、列名、核准等多道程序，碰到贪官污吏，他们不知要花多少钱去打通关节，而且贷款多少完全由官吏说了算，农民容易上当受骗。更要命的是，王安石在推行新法过程中采取一刀切的办法，强令各地必须贷出多少钱，下硬指标。这样一来，地方官吏为了完成任务，只好硬性摊派了。除了一般的穷苦农民要贷款，连富农、地主都必须接受地方政府的贷款。其实，富农和地主不存在春荒的问题，根本用不着贷款，但地方官吏为了完成指标，强迫无论富家、贫户，都得向政府贷款。

更为可悲的是，新法规定的贷款利息是二分，但经过中间贪官污吏的层层盘剥加息渔利，最后贷款农民要偿还的实际利息，竟然超过法定利息的十几倍，比高利贷还要高许多。结果逼得农民宁肯"哀求于富家大族，增息而取之"，也就是说，宁可去借高利贷，也不敢向官府贷款。如此一来，朝廷初衷的"利民之政"演变成了害民之政。

黄庭坚同苏轼一样，反对这种一刀切的新法。由于他执行新法不力，多次受到上级的点名批评。受到上级的批评后，他心里当然不好受，但他又无处申诉，只能将一肚子的不合时宜，倾诉在词中，"如今遇风景，空瘦损、向谁道？"他本是无意于仕途之人，也不愿趋炎附势，因此在推行新法时搞上有政策，下有对策，采取择善而从、不善则抵制的消极态度。

金杯银杯，不如老百姓的口碑。

居江湖之远，则忧其民。由于他坚持以民为本，因此在太和执政期间，民生、民本问题得到了极大的改善，受到了太和民众的拥戴和赞赏。

他关心民众疾苦，向朝廷积极争取优惠政策，免除了太和的年蠲，即减免每年的烦苛杂役。

他鼓励发展渔牧，修筑官道，发展教育，使任内太和县政通人和，社会稳定，人民安居乐业。实现他心中的"天幕翠遮红绕"。

他秉公执法，裁决了多起疑难案件，在太和县民众中赢得了"黄青天"的美誉。如在就任知县的第二年，有一天县衙刚升堂，就有一个农民状告大姓人家侵占自己的祖坟。古人都有重风水的习俗，黄知县就是风水学的行家。当时豪门富户占夺弱小百姓好坟地的案子很多，黄知县决定带着原告和被告亲自去现场查验。到坟头一看，果然是块风水宝地。

勘验结果表明，原告有理有据，黄庭坚责成被告归还坟地。

被告仗着能说会道，申辩说："这本来就是我家新修的坟头，黄大人你看，泥土还没干呢，怎么成了他家的祖坟？"

原告申辩道："坟头虽然是新的，但那是新盖的啊，底下还有老土和墓碑，却是我家的。"

黄庭坚令人用铁锹挖开新土一看，果然发现有一块墓碑，上面刻有原告祖先的名字。

墓碑为凭，铁证如山，被告恶意侵占，以强凌弱，黄庭坚并没有袒护纵容富户，而是秉公断案，判了被告大姓一个强占土地之罪，将坟地判给了原告。

黄庭坚秉公断案的消息传遍太和县之后，当地的名门望族和有钱人，再也不敢胡作非为、恃强凌弱了。

太和县的老百姓对黄县长称誉有加，但上级官府并不满意。吉州的一把手孙知州在下达的催办公文中，对太和县完成不了官盐配额和青苗贷款已是颇有微词，关键是他多次暗示黄知县孝敬点银子，他却是油盐不进，装作不知，因此孙知州私下骂他是个不识时务的白痴县令。孙知州骂完之后，决定到太和去看一看，黄庭坚为什么敢跟上级"顶牛"。

一天，孙知州在一行人的前呼后拥下，到达太和县境内五里长亭时，没有看到黄知县前来迎候，心里极不高兴。孙知州进城勉强被黄庭坚迎进县衙大堂后，他背着双手，迈着八字方步在大堂里瞎转悠，三番五次地将惊堂木拍得震天响，故意找黄庭坚的碴儿。黄庭坚自知在履职中有"失职"行为，没有用语言去顶撞，而是不住地点头弯腰，毕恭毕敬地赔不是，孙知州这才慢慢地把胸中的怒气平和下来。

在县衙举办的接风晚宴，可谓丰盛大餐，与州府里官宴也有得一比。天上飞的、水里游的、山上跑的、地里出的，应有尽有，可谓色、香、味俱全。如此超规格的招待上司，是黄庭坚出任县令以来的头一次。因为黄庭坚不想在官盐配额和青苗贷款问题上生出新的事端，再给太和县的民众带来伤害，他才破例高规格接待一下孙知州，避免他在太和的盐务和青苗法推行的问题上纠缠不放，以求知州大人网开一面。

品尝过美味佳肴，加上几大杯太和特产老冬酒一下肚，年纪不算大，但有些过早发福的知州大人，一边下意识地拍打着隆起的腹部，一边连声夸道："好酒，好酒，太和老冬酒果然名不虚传哪！"接着又笑从双颊生地说："黄大人，我现在是酒足饭饱，想来下面是有更精彩的节目吧！你是当今的大词人，能否安排几个歌伎，唱一唱你那柔情似水的艳情词，让我一饱耳福呢？"

听话听音，锣鼓听声。见惯风月场的黄庭坚，自然不难听出知州大人话里有话。他心想，好色也得分个场合，还没有见过如此给脸不要脸的，还是进士出身哩。今天是县衙摆宴，又不是茶楼妓馆寻乐，竟然提出这样的要求，真是斯文扫地！

当时，黄庭坚铁青着脸，本想教训"上级"一番。县丞陈吉老等见状，知道黄庭坚要发飙了，于是劝阻他忍一下算了，退一步海阔天空。

黄庭坚思前想后，也不想节外生枝，于是忍气吞声地对孙知州说："孙大人，小县乃偏僻之地，比不得吉州的风花雪月。依下官之见，天色已然不早，还是请孙大人回馆驿歇息吧？"说罢，黄庭坚一拱手告辞回家了，晾在一旁的孙知州目瞪口呆，尴尬得不知说什么话才好。

碰了软钉子的孙知州，望着黄庭坚离去的背影，心想："我不就是想借酒助兴，听听艳词，泡泡美女吗？如今这大宋官场，哪里不是在听词曲、泡美女？你黄庭坚写了那么多的艳词，还装什么假正经！"

被孙知州折腾了一整天的黄庭坚，心情自然是坏到了极点。一想到孙知州盛气凌人的官僚作风和满肚子的男盗女娼，黄庭坚心里是五味杂陈。他知道得罪了顶头上司不会有什么好果子吃。但是，看淡了名利、厌烦了官场的他，已将一切置之度外，仕途否泰，就听天由命去吧！

心里不平，诉诸纸笔，是黄庭坚的习惯。他在《逍遥乐》中，抒发了此时的心迹：

春意渐归芳草，故国佳人，千里信沉音杳。雨润烟光，晚景澄明，极目危栏斜照。梦当年少。对樽前、上客邹枚，小鬟燕赵。共舞雪歌尘，醉里谈笑。

花色枝枝争好，鬓丝年年渐老。如今遇风景，空瘦损、向谁道？东君幸赐与，天幕翠遮红绕。休休，醉乡岐路，华胥蓬岛。

这首词，看是惜春，其实是抒怀，抒发对时局的愤懑。

词的大意是：和煦的春风吹绿了路边的小草，远在家乡的亲友们，很久没有给我写信了。雨后的夕阳，洒满了澄明的大地，斜照在远处那栋快要倒塌的危楼上。想当年，邹阳和枚乘作客梁孝府中时是多么惬意，他们边推杯换盏，边听燕赵美女载歌载舞，醉意朦胧地谈笑风生。

树枝上的花儿，年年开得都一样鲜艳，而我的双鬓呵，年年都在增添白发。面对花满枝头的美景，我心里的失落和苦闷，又能告诉谁呢？司春之神是无私的，它将大地披上了一层红绿绚丽的薄纱。不要去多想那些令人痛苦的事儿吧，还是酒中的世界最好。它能让我在理想之国中享受神仙般的快乐。

黄庭坚与上级关系紧张，在吉州官场已是公开的秘密。小肚鸡肠的孙知州不时会给太和县找碴儿，搞得黄庭坚心里很是烦恼。然而，太和毕竟地处江南西路的中心腹地，交通便利，不乏文士名流慕名而来与他相会唱和诗词。通过以诗会友，黄庭坚可以祖露自己的心扉，一吐胸中的愤懑。如宋元丰四年所作的《次韵和答孔毅父》和《再用旧韵寄孔毅父》两首七言长诗。其中"窃食仰愧冥冥鸿，少年所期如梦中"写得抑扬顿挫，掷地有声，流露出了一腔壮志难伸的不平之气。

渔家傲

万水千山来此土，本提心印传梁武。对朕者谁浑不顾。成死语，江头暗折长芦渡。

面壁九年看二祖，一花五叶亲分付。只履提归葱岭去。君知否，分明忘却来时路。

——黄庭坚《渔家傲》

荷花又称莲花，是中国十大名花之一，也是享誉全球的世界名花。由于"荷"与"和"谐音，"莲"与"连"谐音，因此人们常以荷花表示美好的祝愿。

元丰四年（1081年）秋天，黄庭坚应邀去赣州南康协办乡试。一路之上，他看到荷花映日，莲实累累，由此想起了儿时与兄弟们在家乡采摘莲子的情景，于是有感而发，即兴创作了《赣上食莲有感》：

> 莲实大如指，分甘念母慈。
> 共房头角戢，更深兄弟思。
> 实中有么荷，拳如小儿手。
> 令我忆众雏，迎门索梨枣。
> 莲心正自苦，食苦何能甘。
> 甘餐恐腊毒，素食则怀惭。
> 莲生淤泥中，不与泥同调。
> 食莲谁不甘，知味良独少。
> 吾家双井塘，十里秋风香。
> 安得同袍子，归制芙蓉裳。

因睹物思亲而浮想联翩，"莲实大如指，分甘念母慈"。见到眼前的莲子，想到了母亲的大爱。"共房头角戢，更深兄弟思。"此时他多么地想念自己的兄弟们呵！"莲生淤泥中，不与泥同调。"人活在世上，就应该像荷花一样，出污泥而不染，他表达了自己做官的气节和操守。自古以来，用莲花喻示操守和气节的，远不止黄庭坚一人，而最著名的当然要数曹植的《芙蓉赋》和周敦颐的那篇《爱莲说》。

除了友情、亲情的慰藉，黄庭坚还从山水佛禅中寻求精神寄托。

吉州西靠巍峨的罗霄山脉，千里赣江从中部穿境而过，不仅山水景色幽美，而且禅宗法席鼎盛。离太和不远有座青原山，为六祖慧能的法嗣行思，唐时即在此建静居寺弘法，开启信众甚广的青原一系，故被称为青原行思，与南岳怀让并重于世，成为六祖顿悟禅修的两大法嗣。在这里，慧能作了一首非常有名的偈语诗：

> 菩提本无树，明镜亦非台。
> 本来无一物，何处惹尘埃。

早年就向往佛禅的黄庭坚，经常到青原山寺行香礼佛，与得道高僧研讨佛理禅趣，谈得投机时，竟日夜忘归。他陶醉于山水之乐，也被浓郁的宗教氛围所感染。他虔心向佛，使纷乱的心灵得到抚慰，能在剪不断、理还乱的出世与归隐的矛盾中得到暂时的解脱，忘却官场倾轧带来的种种烦恼。百业相近，触类旁通。他的词，经常从宗教里汲取元素，点铁成金，化腐朽为神奇。元丰三年（1080 年），他用佛家唱道之词牌《渔家傲》填词一首说：

> 万水千山来此土，本提心印传梁武。对朕者谁浑不顾。成死语，江头暗折长芦渡。

面壁九年看二祖，一花五叶亲分付。只履提归葱岭去。君知否，分明忘却来时路。

这首词的大意是：精通佛法的达摩祖师，从老远的地方来到金陵，他想将自己的佛学心得传给笃信佛教的梁武帝。然而，梁武帝并不理解。达摩祖师见对方不识玄机，只好告辞离开金陵到江北去弘扬佛法。

达摩祖师在嵩山少林寺，面壁静坐九年，修行禅宗二祖慧可佛法。他想到自己传法救迷情已经开创了五个门派。达摩去世三年后，宋云在昆仑山附近，梦见了手提一只鞋而逝的祖师。然而，有谁知道，达摩祖师为了弘法，已经忘记了回家的路。

在这首词中，黄庭坚用了一系列佛教故事，阐述自己此时此刻对世道的厌倦，对佛道的向往。

他在《次韵吉老知命同游青原二首》诗中，也流露了对佛道的追求：

（一）

洗钵寻思去，论诗匡鼎来。

鸦窥锡处井，鱼泳钓时台。

垂足收亲子，存身亘劫灰。

僧雏手金钥，一为道人开。

（二）

至人来有会，吾道本无家。

阅世鱼行水，遗书鸟印沙。

斋盂香佛饭，法席雨天花。
时有清谈胜，还同叹永嘉。

除吉州青原山之外，他的足迹还遍布邻近州县的山水胜境和佛门寺院，吟咏了许多乐于山水和参悟禅意的诗词。名扬当世和后世的另一首《渔家傲》，也是在这一时期精神境界的写照：

踏破草鞋参到老，等闲拾得衣中宝。遇酒逢花须一笑。重年少，俗人不用嗔贫道。

是处青旗夸酒好，醉乡路上多芳草。提着葫芦行未到。风落帽，葫芦却缠葫芦倒。

对于佛道的理解，黄庭坚足可与高僧说禅，但在皈依佛门，他是一只脚在佛门内，一只脚在佛门外。他使我想起了一则佛禅故事：从前有一个老人，一生信佛，日日积德行善，天天诵经念佛，他有一件宝贝从不离身，那就是他念经时的佛珠。那是一串普通的佛珠，年轻时因缘而得，得到后如获至宝。由于历史久远，佛珠颗颗光润亮泽，传为佛门一宝。后来，佛珠被一个贼人看上了，于是半夜入室行窃，想要偷走佛珠，老人大声呼救拼死保护佛珠，贼人情急之下举刀砍死了老人，夺走了佛珠，老人身中数刀，不治而亡。众人目睹惨状，质问佛既慈悲，为何不护其生灵，却任由歹徒胡作非为。佛说："难舍身外之物，佛能奈何？"黄庭坚就像故事中的老人，所不同的是，老人难舍佛珠，黄庭坚难舍官场虚名，身外之名，死后之名。他有陶渊明归隐田园的思想，但无陶渊明归隐田园的决心。

公务之余，他常到"澄江之上，以江山广远，景物清华得名"的快阁上览胜，写下了名扬千古的七律《登快阁》：

> 痴儿了却公家事，快阁东西倚晚晴。
> 落木千山天远大，澄江一道月分明。
> 朱弘已为佳人绝，青眼聊因美酒横。
> 万里归船弄长笛，此心吾与白鸥盟。

短短几行诗就勾勒出了一幅深秋傍晚的山水图画，抒发的是为官在外的一种无可奈何和孤寂无聊的思乡之情，咏叹的是世无知己的感慨。其中"落木千山天远大，澄江一道月分明"，已经成为人们乐于传诵的经典名句，不仅因为白描写景意境深远，更因为其映照出浩然豁达的胸襟气质，崇高洒脱的人格境界。诗中无论是叹知音难觅也罢，美酒不醉人人自醉也罢，最后归结为乘归船、弄长笛，必然取向是与鸥鸟为盟的出世之想。

此诗与"踏破草鞋参到老"一词，有异曲同工之妙。

从元丰四年春至元丰六年冬，黄大才子在担任太和县令期间，他先后创作了三百多首诗歌，约占其一生创作诗歌 1956 首的 1/6。这些诗词主要有两个部分的内容，一部分是朋友之间的应酬唱和之作，一部分是抒发情怀、感叹时事之作，词作的数量很少。

在太和县，黄庭坚尽心尽力干满了三年一届的县令，他自己认为对得起天地良心，但由于他执行新法不力，加上孙知州趁机公报私仇，因此在他的任职鉴定上给了中等的考评，并将他平调到距离分宁很远的北方地区，德州德平镇任监知监事，表面上职务既未升，也未降。

宋元丰六年（1083 年），黄庭坚接到吏部调令时，他见离到任的时间还有四个多月，新的任职地方离家路途遥远，于是决定对全家三十多口人作必要的精减，以便轻装简行。至于他在诗文中口口声声说要归隐山林，此时根本由不得他，撇开身后虚名不说，眼前一家老小要靠他的"工资"吃饭，他如果辞官不干了，全家人吃饭就成问题了。为了维持全家的生计，他决定先返家乡探亲，然后再北上赴任。

这是黄庭坚当官后第三次回家探亲。

当太和县的百姓听说平易近人、敢于为民做主的黄知县要走时，他们都不约而同地前来送行。

有位老农一大早步行八十里山路，从雕陂大山里赶来送他，执意要黄庭坚收下他亲手种的竹蒿薯、红瓜子各一袋，并代表全村的父老乡亲拜别爱民如子的黄县令，才肯起身离去。

面对父老乡亲们的一片深情，黄庭坚激动得热泪盈眶，心想，只要老百姓能过上好日子，自己挨点上司的批评，值得。

黄庭坚为官一任，造福一方，得到了太和民众的真心拥戴。太和县历史上难得一见的百姓送官之事，虽不能说是万人空巷，但他离开太和时，老百姓是夹道相送，而且是送了一程又一程。那感人场面，使黄庭坚感到了做一个好官的满足。

心里装着百姓的官，百姓心里才会装着他。黄庭坚就是这样的官。

回到家乡的黄庭坚，远离了官场的明枪暗箭和迎来送往，心情格外轻松愉快。他一再推迟北上的行期，直到元丰六年夏末，才拖家带口到德州去上任。

此次回乡，他在《过家》中，记下了所见、所行、所感：

络纬声转急，田车寒不运。

儿时手种柳，上与云雨近。

舍傍旧佣保，少换老欲尽。

宰木郁苍苍，田园变畦畛。

招延屈父党，劳问走婚亲。

归来翻作客，顾影良自哂。

一生萍托水，万事雪侵鬓。

夜阑风陨霜，千叶落成阵。

灯花何故喜，大是报书信。

亲年当喜惧，儿齿欲毁龀。

系船三百里，去梦无一寸。

读这首诗，我们会联想到贺知章的那首《回乡偶记》："少小离家老大回，乡音无改鬓毛衰。儿童相见不相识，笑问客从何处来。""一生萍托水，万事雪侵鬓。"他的诗境，与贺知章的诗境没有什么两样。

这首黄庭坚版《回乡偶记》，首先看到的是村里村外的景色，接着是辨认出了早年他亲手种植的柳树，后又发现邻舍的变化，最后上坟时发现田间的小路都非复旧貌了。这几句既写出了黄大才子迷茫复杂的心情，也把匆匆回乡、上坟的次序交代得一清二楚。再接着写亲戚的热情招待，写夜深人静之景象，用以反衬白天之忙乱。虽然诗意不断地转，但脉络却十分清晰，淋漓尽致地表达了人到中年的黄庭坚，临别家乡的依依难舍之情。

元丰七年（1084 年），黄庭坚的第三任妻子石氏，为黄家生下了一个儿子，黄庭坚为儿取名黄相。

与官场的不如意相反，儿子的降生自然给情绪不佳的黄庭坚带来了极大的快乐。他的前两任妻子过早离世，都没有跟他生育男丁。如果用分宁的民俗来看，他应是"克妻"的命相，难得有子嗣承接他黄家的香火。

一直担心有生之年抱不上孙子的黄老夫人，看到孙子黄相突然来到跟前，心里的一块石头总算落了地，在她心里，不孝有三，无后为大。

黄相生得眉清目秀，天庭饱满，当地的方士看过相后，说这个孩子天生富态，将来是多子多福的富贵命。

黄庭坚中年得子，心里别提有多高兴，他认为这是妻子石氏给黄家带来的福气。母因子贵，虽然她出身低微，但黄庭坚对她格外关爱。一时间，黄家上下把黄相视为掌上宝贝，争相传抱。黄庭坚每天回家，看到老母亲逗孙子，他就会把公事中的烦心事丢在脑后，同母亲一起享受天伦之乐。

太和县与分宁县相距不远，黄庭坚与家乡的亲友来往十分便利。兄长黄大临和叔献、叔达、仲熊三个弟弟还有几个妹妹，不时从分宁县前来太和县探望，这都给黄庭坚带来了极大的快乐。

五、千里关山，常恨见伊难

江城子

画堂高会酒阑珊。倚栏干，霎时间。千里关山，常恨见伊难。及至而今相见了，依旧似，隔关山。

倩人传语问平安。省愁烦，泪休弹。哭损眼儿，不似旧时单。寻得石榴双叶子，凭寄与，插云鬟。

——黄庭坚《江城子》

在今天，一个县出几个县级干部不足为奇，有的县甚至出几十个县级以上的干部也不足为奇。但是在古代，能当上县级干部，那可是名震一方，光耀门楣的大官！

三十九岁的黄庭坚，虽然只是个小小的七品芝麻官，但在分宁双井，可算是个大官了。因此他每次回乡探亲，分宁县的地方官员和家乡的亲朋好友们，都要为他接风洗尘，一叙旧情。而讲义气、重感情的黄庭坚，当然是却之不恭，他不愿亲友们说他官不大却架子大。

他这次回乡遍访完亲朋好友之后，洒泪惜别大家启程了。

在路上，他回想起亲友们的盛情接待，互问平安，说到动情处，难免泪流满面的情景，想到又要与亲友们关山相隔，"常见恨伊难"的情感油然而生：

画堂高会酒阑珊。倚栏干，霎时间。千里关山，常恨见伊难。及至而今相见了，依旧似，隔关山。

倩人传语问平安。省愁烦，泪休弹。哭损眼儿，不似旧时单。寻得石榴双叶子，凭寄与，插云鬟。

写完这首词后，他觉得自己与亲友们"相见时难别亦难"的心扉尚未完全抒发，接着用《江城子》词牌，又填了一首：

新来曾被眼奚揩。不甘伏，怎拘束。似梦还真，烦乱损心曲。见面暂时还不见，看不足、惜不足。

不成欢笑不成哭。戏人目，远山蹙。有分看伊，无分共伊宿。一贯一文跷十贯，千不足、万不足。

这两首《江城子》，读来令人唏嘘不已，足见黄庭坚的乡愁情结之深。

第三次回乡告别亲友后，黄庭坚沿着他多次往返过的老路去德州上任。经江州重游庐山，过舒州拜访亲友，途经扬州时，他听说已经罢相的王安石应友人之邀在此闲居，便临时决定前去拜访。黄庭坚与王安石虽政见不同，但他对王安石的学问、人品一直都十分敬重，况且王安石与他父亲黄庶是要好的朋友。因此，崇尚学问的黄庭坚，执弟子之礼，前往拜见了寂寞赋闲的王安石（曾封荆国公，时人称王荆公）。患难之交见真情。黄庭坚的行为令王安石非常感动，言谈中，他对当初没有重用品学兼优的黄庭坚，心中十分后悔。此番相逢又别后，双方都写了好几首诗词，记述此次相逢的情景。

黄庭坚在《次韵王荆公题西太乙宫壁二首》中，道出了官场"山雨欲来风满楼"的无奈：

(一)

风急啼乌未了，雨来战蚁方酣。

真是真非安在，人间北看成南。

(二)

晚风池莲香度，晓日宫槐影西。

白下长干梦到，青门紫曲尘迷。

路过淮南东路的泗州（今安徽泗县）时，黄庭坚慕名专程叩拜了唐代高僧的僧伽塔，并虔诚地书写了著名的《发愿文》，在僧伽塔前发愿要信守三大戒：戒酒、戒色、戒肉食，希望有朝一日皈依佛门。文曰：

菩萨师子王，白净法为身。胜义空谷中，奋迅及哮吼。念弓明利箭，被以慈哀甲。忍力不动摇，直破魔王军。三昧常娱乐，甘露为美食。解脱味为浆，游戏于三乘。安住一切智，转无上法轮。我今称扬，称性实语，以身语意，筹量观察，如实忏悔。我从昔来，因痴有爱。饮酒食肉，增长爱渴。人邪见林，不得解脱。今者对佛，发大誓愿。愿从今日，尽未来世，不复淫欲。愿从今日，尽未来世，不复饮酒。愿从今日，尽未来世，不复食肉。设复淫欲，当堕地狱，住火坑中，经无量劫。一切众生，为淫乱故，应受苦报，我皆代受。

设复饮酒，当堕地狱，饮洋铜汁，经无量劫。一切众生，为酒颠倒，应受苦报，我皆代受。设复食肉，当堕地狱，吞热铁丸，经无量劫。一切众生，为杀生故，应受苦报，我皆代受。愿我以此，尽未来尔，忍可誓愿，根尘清静，具足十忍，不由它教，人一切智，随顺如来，于无尽众生界中，现作佛事。恭惟十身洞彻，万德庄严，于刹刹尘尘，为我作证。设经歌罗逻身，忘失本愿，唯垂加被，开我迷云。稽首如空，等一痛切。

　　黄庭坚用行楷写成的《发愿文》，长 679.5cm，宽 32.9cm，其真迹现藏于台湾林柏寿兰千山馆，江西人民出版社出版的《黄庭坚书法全集》第一卷 24 页收录了这件作品。

　　愿入空门者，便是有缘人。

　　潜心向佛的黄庭坚，以《发愿文》为起点，要戒掉酒肉和女色，至于是真戒抑或假戒，只有佛知道。

　　其实，作为居士何须恪守佛门清规戒律？殊不知，佛在心中，是心灵的自由，不在外表的装腔作势。"凡事付之一笑"的豁达心胸是禅，"饥餐困眠"的平常心是禅，甚至"呵佛骂祖"的自在无拘也是禅。有的参禅者闭目晏坐，徒有其表，心中或高傲轻慢，或忧虑重重，或心不在焉，其实都没有得到禅的三昧。禅者参透了世间万象，往往是静默的、朴实的，而非做作的、张扬的。

　　离开僧伽塔，黄庭坚一行晓行夜宿，到达德平任所时，北方已是"雪落黄河静无声"的景象。

　　德州地处黄河故道，运河之滨，控三齐而镇河朔，为京东路的咽喉腹地，历来为大宋东北方向防御辽军南侵的重要军事屏障，而德平监又是州治的经济重镇和兵马驻扎重地。

黄庭坚安顿好全家老小后，便按照礼节到德州州衙去拜见上司。

知州刘大人年过花甲，待人非常随和。相形之下，作为知州副职的赵挺之赵通判，似乎有些过于清高傲慢，在大堂之上若无其事地捻着自己的胡子。当黄庭坚向他行礼时，他板着面孔，微微起身算是见过，好像黄庭坚欠了他的钱没有还似的。

赵挺之是金石学者赵明诚的父亲，李清照的公公。此时，黄庭坚身上正携带着舅父李常给赵挺之的亲笔书信，他见赵挺之旁若无人的样子，没有把信掏出来给赵挺之。

退出衙门后，黄庭坚心想，赵挺之那挂满络缌胡子的脸堂，称其为美髯公一点不为过，他虽有关云长的风度，但没有关云长的道义。

赵挺之回到家中后，黄庭坚特地登门，将李常的亲笔信恭敬地呈送给了他。

赵挺之接过信，看过之后，他立改大堂上的傲慢，满脸堆笑地向下级黄庭坚连声道歉说："哎呀！我说怎么有些面熟，原来是公择兄的外甥啊！失敬，失敬！"

赵挺之逢场作戏的本事绝对是一流，从他身上你会明白古往今来官场上的人脉关系是多么的重要，赵挺之的行为，多么像契诃夫笔下《变色龙》中的人！如果不是李常做过赵挺之老家京东路的父母官，如果不是李常现在朝中为正四品级的官员，他赵某人怎么会转眼之间脸色从阴转晴呢？

在赵挺之身上，黄庭坚看到了朝中无人难做官的不正之风。

因为有李常这层利害关系，一开始上级赵通判对下级黄知监总体上还算可以。隔三岔五的，赵、黄二人不是诗词唱和，就是喝点小酒，谈论一下诗词艺术，而每次吃饭，都是上级赵挺之结账付款。为此，元丰八年（1085年），黄庭坚写过《寄怀赵正夫奉议》《四月丁卯对雨寄赵正夫》两首诗。

前一首诗云："……鸳鸯求好匹，笙磬和同音。何时闻笑语，清夜对横琴。"后一首诗云："赵侯乘金玉，不与世同波。从容觉差晚，鄙心寄琢磨。"

这是两首五言长律。细细品味这两首诗，黄庭坚开始对赵挺之看法还不错，并视为知己的，对他不乏夸赞之辞，似乎还有点相见恨晚之意。

俗话说，不是冤家不聚头。

后来，赵、黄二人成了冤家对头。

有人说，赵挺之与黄庭坚翻脸，是因为他青云直上官至宰辅的原因，但客观地讲，应该是双方或多或少都有责任。一个恃才傲物，一个心怀诡异。

对于二人后来水火不容，成为死对头，在当时有不同的说法。通常认为两人分属新党、旧党，由于政见不合分道扬镳。对此，苏轼在他的《奏议》中说：

御史赵挺之在元丰末通判德州，而著作黄庭坚监本州德平镇，挺之希合提举官场景莱，意欲于本镇行市易法，而庭坚以谓镇小民贫，不堪诛求，若行市易，必致星散。公文往来，士人传笑。

苏轼所说的市易法，后来又称平准法，这是一种对垄断经济直接干预的新法。市易法的推行，如果秉公实施，对于下层民众是有利的，对囤积居奇的奸商，无疑是一种打击。

然而不少官吏在推行的过程中，弄虚作假、营私舞弊，导致民怨沸腾，于是成为新、旧党争的焦点。

苏轼是公认的宋代文坛领袖，他有板有眼的一席话，历代史家都深信不疑。其实，由于后来苏轼与黄庭坚亲如兄弟的关系，加上党派和门户之见，苏轼本人及"苏门四学士"，以及以黄庭坚为宗师的"江西诗派"的弟子们，除了赵挺之的亲家李格非之外，北宋文坛的文化精英几乎都看不起赵挺之的学识和人品，甚至将他视为品德极滥的小人。

平心而论，赵挺之的为人并不地道，但也并非滥到极点，从他后来揭露奸相蔡京并抵制其倒行逆施的作为来看，他在北宋政坛即使算不上正直良臣，至少也算个品行无大污的官员。而且其子赵明诚作为著名金石学家，一直十分崇尚和收藏黄庭坚的书法作品，赵挺之没有因为自己与黄庭坚有过节而加以制止，可见赵挺之并非妒贤忌才之辈。不妨这样评价：你只要不与他为敌，他不会拿你怎么样；如果你揭他的短，他就会把你往死里整。他一生最大的败笔，就是迷恋官权，失却文人本色，招致旁人讥讽。

鼓笛令

见来两个宁宁地，眼厮打、过如拳踢。恰得尝些香甜底，苦杀人、遭谁调戏。

腊月望州坡上地，冻着你、影群村鬼。你但那些一处睡，烧沙糖、管好滋味。

——黄庭坚《鼓笛令》

已到不惑之年的黄庭坚，在官场上浸泡了多年，但他仍不改恃才傲物、口无遮拦的秉性。随着诗词之名、书法之名享誉朝野，他有时不免有点目中无人；有时开起玩笑来，不分对象、不分轻重、不分场合，也是他与赵挺之关系恶化的原因。

元丰六年（1083 年），黄庭坚在赴德平途中所作的《寄刘泗州》一诗，真实地反映了他秉性难改的处世态度：

> 生天生地常为主，此事惟应作者知。
>
> 康济小民归一臂，屈伸由我更由谁。

文人争名，商人斗富，历来多有故事。心胸开阔当然无所谓，心胸狭窄就会变友为敌。

《过庭录》中记载有这样一个故事：有一次，黄庭坚到德州协助赵挺之批阅乡试中的一个举子的试卷，因为这位考生在卷中使用了"蟒蛇"两字，赵挺之认为不妥，想把该考生除名，不予录取。黄庭坚当众表示反对，认为不能因为这两个字而断送了年轻人的前程。

赵挺之问黄庭坚："你可知道这二字出于何处？"

黄庭坚的才子之名，绝非浪得虚名。他稍加思索后说："出自《梁皇忏》，这个问题在我们江南连小孩都难不倒。"

一句"这个问题在我们江南连小孩都难不倒"，让自己的领导赵挺之，在大庭广众之下大丢颜面，从此他对黄庭坚记恨在心，暗中踢黄庭坚的脚，给逞强好胜的黄庭坚心里添堵。

州府官衙每天都是免费的午餐，厨房的司务长通常前一天要来请示次日的食谱。黄庭坚一般都点带南方口味的饭菜。赵挺之是齐鲁人，不太讲究饮食特色，总是操着齐鲁口音大大咧咧地说："来日吃蒸饼！"每次都令黄庭坚等人窃笑不已。因为大家心知肚明，为了避宋仁宗赵"祯"名讳，官吏们都会改"祯"的同音字"蒸"饼为"炊"饼。

一次，州府的官员们聚餐行酒令，预谋在先的黄庭坚提出玩一玩文字游戏，凡参加者必须讲五个字一句话，前两个字合为第三字，再加第四字，合成第五字。大家纷纷表示赞同。

有人先说了个"戊丁成皿盛"。

又有人说了个"王白珀石碧"。

接着有人说"里予野土墅"。

到了赵挺之，憋了半天才说了个"禾女委鬼魏"。

赵氏话音刚落，黄庭坚脱口而出"来（來）力敕（勑）正整"。听字音，很像是用齐鲁方言在说"来日吃蒸饼！"一时满堂大笑，被涮了一把的赵挺之，顿时面红耳赤，呆若木鸡地站在原地，颜面尽失，不知如何解嘲为好。

又有一次，衙门里的同事们正天南海北地聊天。兴头之上，赵挺之说："我们老家密州连乡间都重视文化，比如替人家写一篇文稿，人家往往推一车的礼物来酬谢。"

黄庭坚马上接过话题说："想来净是些萝卜、白菜、酱瓜之类的东西吧！"此事又让赵挺之在同事面前很失面子，心里很是不爽。

三国演义中的杨修，因在曹操面前卖弄学问，放言无忌，结果被曹操借故杀害。奉劝腹有大才之人，千万不要在领导面前玩弄字眼，揭领导的短，让他下不了台，否则，你休想有好果子吃。

有才气的人如果不剔除傲气，是一件可怕的事。黄庭坚口无遮拦，逞一时之快，多次冒犯顶头上司。因此，赵挺之对他恨之入骨，并公开扬言，与黄庭坚势不两立，赵、黄二人的关系降到了冰点。幸亏他没有掌握生杀大权，否则黄庭坚将性命难保。

可能有人会问，赵挺之与黄庭坚本不在一个衙门办公，一个是州官，一个是监官，哪有那么多的机会相处呢？正常情况下，确实没有很多机会接触。但是，黄、赵任期内正好赶上了三年一度德州乡试大考，所以经常走到一起。

据《宋史》记载，北宋时期机构重叠，冗官现象较为突出，有油水的差事抢着干，没油水的差事绕道行。因此，在处理牵涉面大的重要工作时，大都需要"说话管用"的上级官员亲自挂帅才能推动，有点像今天以市长或县长之名挂帅成立的某些专项工作领导小组，不然，就会出现州县或部门之间推诿扯皮或不作为的现象。

比如筹办德州的乡试，首先得郑重其事地由州府发个文件，成立一个临时性的乡试工作领导小组，领导小组成员通常由路、州、县（军监）等各级官员组成。通常由京东路转运史、安抚史任名誉统管，德州的刘知州任统管，通判赵挺之任常务副统管，黄庭坚等各县知县则为副统管，领导小组下设办公室，办公室统管由赵挺之兼任，州学的教授们任常务副统管，办公室成员由若干小吏组成，他们具体操办考务工作。如此一来，官多兵少，十羊九牧，指手画脚的人多，做具体工作的人少，行政效力自然十分低下，因此经常需要召开领导小组会议，重复布置工作和协商议而不决的问题。这就为赵、黄二人创造了经常接触的机会。也就是说，赵、黄二人隔三岔五不是对面开会议事，就是在酒桌上碰头。

面对一个不想面对的人，绝对是一种痛苦。从《鼓笛令》这首词中，我们就不难理解黄庭坚此时无奈的心情：

见来两个宁宁地，眼厮打、过如拳踢。恰得尝些香甜底，苦杀人、遭谁调戏。

腊月望州坡上地，冻着你、影舞村鬼。你但那些一处睡，烧沙糖、管好滋味。

此词的大意是：

这儿本来是一个很安静的地方，但大家在一起时，你笑话我，我笑话你，实在没有意思。虽然饭菜还算可以，但相互捉弄的滋味着实让人难受。

腊月的望州，晚上的天气如鬼魅一样，冻得让人不敢出门。还不如待在卧室里好，烧一壶滚烫的糖水，来抵御这该死的天气。

机构重叠，冗官突出，有识之士当然想进行改革。王安石就是这样的改革家。

他在推行新法的过程中，尽管裁减机构冗员和削减文山会海的口号喊得很响，但由于"官本位"意识较强的各级地方政府暗中较劲，最终不仅收效甚微，而且还把自己推上了风口浪尖，导致那些吃闲饭的官员，都不喜欢王荆公大人。

假如各级部门真的能砍掉一半的文山会海，虽然丝毫不会影响政府职能的运转，但会造成大量的官员更加无所事事，出现更多的"尸位素餐"问题。更为严重的是，一旦大大小小的官员无事可干，他们就会面临"失业下岗"的现实问题。

　　所以，历史上凡是牵涉到人事机构方面的改革，几无成功的先例，而且大多是受阻于拆"庙"易，安置和尚难。

　　想想也是的，大家都是十年寒窗苦读，在千军万马的科举残酷竞争中挤过独木桥，然后好不容易捧上吃皇粮这个"金饭碗"，谁胆敢抡起铁锤说砸就砸了，无异于是捅马蜂窝，最终是骑虎难下。这绝不是危言耸听，宋神宗、王安石就是在机构改革中声名狼藉，最后不了了之的。

　　德州的乡试结束之后，黄庭坚终于可以回到德平知监坐堂上班了。按规定，他领到了名为命题、考试、阅卷和领导小组成员劳务费等额外收入。对于诸如此类的专家评审费，他不领白不领，没有谁给他发无偿奉献奖。当然，他当考官的最大收获，不仅是捞了一笔可观的外快，更重要的是在推选的举人中，发现了不少的青年才俊。

　　在黄庭坚的眼中，人皆有名利之心，但绝不能为了名利所困惑，也不能为名利所驱使，更不能见利忘义。人应该时时注意，用高尚品德稳稳地驾驭自己的名利之心。

　　值得赞美的是，许多人能把个人之名利看成是身外之物，他们既不为得到名利而沾沾自喜，也不因失去名利而痛苦不堪。他们也珍惜名利，但从来不为个人争名利。他们靠奉献赢得名利，靠诚信呵护名利，并能把个人名利之溪纳入国家名利之大海。因而，他们虽有名利之心，却无贪图名利之嫌。

　　黄庭坚、苏轼的一生，就是秉持这种名利观的。因此，他们在宦海沉浮中，总能从容以对。不以物喜，不以己悲。居庙堂之高，则忧其民；处江湖之远，则忧其君。

　　德州是座历史悠久的文化名城。公事之余，黄庭坚常常四出游历。他探幽过传说中的夏代东羿的出生地——十里望南村；也走访过三国时期击鼓骂曹的名士祢衡的故里；还鉴赏过唐代大书法家颜真卿任平原郡太守时书写的《东方朔画赞碑》。

对于这些可增长见识、可寻野趣的游历，厌烦官场的黄庭坚，从来都是乐此不疲。

把名利看得很淡的黄庭坚，自然不会趋炎附势，毫无原则地巴结领导。因此，他与上司赵挺之的关系日益恶化，而且经常遭到赵挺之的打压，这令本想皈依佛门的黄庭坚更加心灰意冷。虽然他已当过几任地方官，而且自认为政绩还不错，上无愧于朝廷的俸禄，下对得起黎民百姓。但在黄老夫人眼里，儿子还是不够成熟、老练，需要自己不时提醒和好言相劝。因为她懂得官场如战场，尔虞我诈，相互倾轧在所难免，也难为了外表看似清高，实则忠厚本分的儿子。

黄庭坚个性要强，大事聪明，小事糊涂，然而构成人生的往往是许多不起眼的小事，大事则少而经久难见。他是一个大孝子，对母亲的提醒是言听计从，但在与赵挺之结怨的问题上，他恰恰忽视了母亲几次点到为止的劝导。

当初，他一度与赵挺之过从甚密，经常同赵大人把酒论诗。为此，母亲曾告诫他说，此人外表看似粗犷，内心实则心思缜密，只可礼节上应对，切不可深交。起码是害人之心不可有，防人之心不可无。后来他与赵挺之关系越来越紧张，情绪激动时，常把赵贬得一无是处。

水分清浊，山分雄秀；天有阴晴，月有圆缺。人与人之间的关系，从开始到后来，也有分较。《论语》里讲"上天有好生之德，大地有载物之厚，君子有成人之美"。道德的修行，品质的磨砺，是几千年来关乎人生与道德的一个终极话题。而对于一个人的道德评判，有时几经反复，历时久远，才能水落石出，尘埃落定。

赵挺之就是一个道德缺陷很深，道德评判很难的人。

定风波

把酒花前欲问溪，问溪何事晚声悲。名利往来人尽老，谁道，溪声今古有休时。

且共玉人斟玉醑，休诉，笙歌一曲黛眉低。情似长溪长不断，君看，水声东去月轮西。

——黄庭坚《定风波》

人生中有许许多多的关系，但最重要的当属人与人之间的关系。而对于每个人来说，首先又是他与别人的关系。他与别人的关系处理得如何，不仅关系到他的事业，也关系到他的生活。

黄庭坚在任德平知监的第二年，垂垂老矣的德州刘知州到了退休的年龄，告老还乡了。朝廷没有另派新的知州，而是暂由赵挺之主持州里的工作，"摄"理知州。

新官上任三把火。权力欲望较大的赵挺之，自认为去掉职务前那个碍眼的"摄"字是早晚的事情，于是在下级面前颐指气使，以一方诸侯的面孔，出现在下级面前。

善于见风使舵的官员们，当然懂得怎样讨好新的上级。一时间，德州府衙几乎所有的文武官员都向新"领导"赵代理知州俯首致敬，欲送红包的赶紧送红包，该送礼品的赶紧送礼品，往赵府拜访的人士车水马龙，络绎不绝。唯独只有黄庭坚一直在装聋作哑，根本不理会官场上的厚黑把戏。

对于黄庭坚和赵挺之而言，我们可以想见，两个互不妥协、从不在人前服软的人，而且又是直接的上下级关系，肯定不会一团和气。你看我不顺眼，我看你也不顺眼；你不把我放在眼里，我也不把你放在眼里。二人之间不见面则已，一见面就会因为一些本可调和的小事而争论不休，并且经常恶语相向，根本不顾及对方的面子和心理感受。

黄庭坚虽然是下级，但要他在名利面前向有事无事找自己碴儿的赵挺之低头，实在是强他所难；而赵挺之也有着北方人宁折不弯的性格，要他向下级让步，也是不可能的事。于是，官大一级压死人，工作中挑三说四，文书中吹毛求疵，就成了家常便饭，搞得性情耿直的黄庭坚不胜其烦。

大凡隐士，都有不得已的隐退苦衷，谁人不想锦衣玉食，谁人不愿显赫一方，可人性中最大的弱点，就是热衷于相互之间的争斗。大人物与大人物争权柄、争势力、争江山、争功劳，小人物与小人物争生意、争田产、争美色。明争暗斗，唇枪舌剑，背里使绊，过河拆桥，你死我活，甚至世代为仇。人类的智商发展了文明，也发展了争斗，黄庭坚在同赵挺之的争斗中，看破了没有永恒的胜利，而常有的是羞辱。如果遁世躲避，其羞自解，其心自宽，像赵挺之这样的人，是不会加害于他的。但是，黄庭坚恃才傲物的秉性是生在骨子里的，无法改变。

对于赵挺之的所作所为，他是坦然面对的，在下面这首《定风波》中，可见他的红尘意念：

把酒花前欲问溪，问溪何事晚声悲。名利往来人尽老，谁道，溪声今古有休时。

且共玉人斟玉醑，休诉，笙歌一曲黛眉低。情似长溪长不断，君看，水声东去月轮西。

这首《定风波》的意境是美好的，词人用短短几句话就勾勒出超然绝尘、近于唯美的画面。然而在这幅画后，有多少复杂微妙的心理活动和思想意蕴啊！

春去秋来，一条小溪从门前流过，这是一个鲜花绽放的时节。

那天的黄昏，我在溪边摆上桌椅，与朋友们小酌。

夜静时分，溪中的流水之声，显得格外清幽，甚至有些凄凉。

为什么啊，为什么今晚的溪水声这样悲凉？

这悲凉的流水声，使我联想到了人世间的名和利。

为了名和利，无数人在时光中老去，他们认为名利能永远占有。他们哪里知道，任何名利都会像这溪中的水一样，匆匆而过，付诸东流，是不能永远占有的。

今夜的景色多美好啊！我们还是互相斟满杯中酒吧，开怀畅饮吧，不必去为得不到的那些名利而长吁短叹。要知道，只有人与人之间的真情实感，才能像这溪中的流水一样，一年四季长流不息。

不是吗？你们听，小溪的流水声正朝着东边而去；你们看，那轮明月已经挂在了西边的树梢之上。

请珍惜眼前的大好时光吧！大家能把酒畅叙才是最重要的。

黄庭坚自担任德平知监以来，对唐朝诗人王维的《九月九日忆山东兄弟》中的"独在异乡为异客，每逢佳节倍思亲"的诗句，他不知吟诵过多少次，总觉得此诗道尽了他目前的境况。

那一年的中秋佳节，黄庭坚特地到镇上给老母亲和儿子各买了一盒德州月饼，并嘱咐家人在门前月下摆上酒席，全家人一起开怀畅饮。

他之所以这样高兴，是因为近段时间在工作上赵挺之处处刁难，心情一直不好。昨天，他收到了兄长黄大临托人捎来的书信和一大包家乡特产红壳月饼，还得知大临以累计三届举人的身份，终于候官补授吉州龙泉县令；而他有好几年未见的好友黄几复，也刚刚被任命为广南东路四会知县。

月明如镜的中秋之夜，身在异乡的黄庭坚久久难以入眠。他想到了家乡，想到了家乡的每一位亲友。不过，这天晚上，他想的更多的是一生的挚友黄几复，两人不是兄弟胜似兄弟，是除苏轼以外的最好的朋友。当年他游学淮南时，黄几复不远千里给自己带书信、送双井茶，之后专程赶来祝贺自己新婚时的情景，此时历历在目，好像就发生在昨天一样，而自己上次从叶县赶赴汴京改官与他不期而遇，已经相隔六年了。不知不觉间，他仿佛听到苏轼在对他吟诵那首《水调歌头》：

明月几时有，把酒问青天。不知天上宫阙，今夕是何年。我欲乘风归去，又恐琼楼玉宇，高处不胜寒。起舞弄清影，何似在人间！

转朱阁，低绮户，照无眠。不应有恨，何事长向别时圆？人有悲欢离合，月有阴晴圆缺，此事古难全。但愿人长久，千里共婵娟。

苏轼这首名垂千古的词作，写于宋神宗熙宁九年（1076年），即丙辰年的中秋节。从题序来看，这首词为醉后抒情，怀念兄弟子由之作。古人评论说："此词前半自是天仙化人之笔。"今天看来，本词通篇风调，又何尝不是这样呢？

这首中秋词，苏东坡释放的是外放密州的茕独情怀。苏东坡俯仰古今变迁，感慨宇宙流转，厌薄险恶的宦海风涛，在黄庭坚今年的中秋之夜，引起了强烈的共鸣。他情难自制，重新拨亮快熄灭的油灯，写下了传诵千古的名篇《寄黄几复》：

> 我居北海君南海，寄雁传书谢不能。
> 桃李春风一杯酒，江湖夜雨十年灯。
> 持家但有四立壁，治病不蕲三折肱。
> 想得读书头已白，隔溪猿哭瘴烟藤。

此诗原注："乙丑年德平镇作。"乙丑年即元丰八年。

海上升明月，天涯共此时。中秋之夜，总能勾起游子的乡愁，词人的情怀，古往今来，以"中秋"命名的诗词，谁能统计出个准数？

黄庭坚这首诗叙述了"人有悲欢离合，月有阴晴圆缺"，"千里共婵娟"的情怀。此时，两位挚友，一个在北方，一个在南方，都居住在滨湖之地。

在黄庭坚的诗词中，我们看到他用了大量的典故。不仅如此，我们还看到他用"夺胎转骨""点铁成金"手法，化用了许多前人甚至和他同代人的诗词名句。

这首《寄黄几复》，前句化用《左传》中楚子对齐桓公所说的"君去北海，寡人处南海，惟是风马牛不相及也"；寄雁传书事出《汉书·苏武传》，但妙用字面，使人不觉得是用典，并且以否定句使陈熟之典生出新意；"谢不能"语出《汉书·项籍传》。颈联上下句分别用《史记·司马相如传》"家居徒四壁立"和《左传》"三折肱，知为良医"的典故，形象地表现了黄几复生活的困苦和他治理政事的才能，下句更是反用典故而赋予新的含义。使得诗句峭拔，诗意深刻。

"桃李春风一杯酒，江湖夜雨十年灯"的句法，可谓经典名句，他的好友张耒，为之拍案叫绝。此语不用一个动词，而是用六个名词和物象构成诗歌的新意境，上句写朋友欢聚之乐，下句写别离漂泊之苦。他这首诗的一些句法，在宋元诗里一再被人重复。

如果说，李白诗的气象、杜甫诗的沉郁，对后世诗歌艺术影响至远，那么，黄庭坚这类名词加物象的诗语言，同样被后世诗人所模仿。如南宋陆游《书愤》有"楼船夜雪瓜州渡，铁马秋风大散关"；元人马致远《天净沙》有"枯藤老树昏鸦，小桥流水人家，古道西风瘦马，夕阳西下，断肠人在天涯"。这种句法结构，不仅言语清新，而且韵味隽永，令人叹为观止。

作为江西诗派的宗师，这些诗歌语言就是黄庭坚的独到之处。黄庭坚与黄几复，从少年时期相识就兴趣相投，交情一直深笃。二人先后出仕之后，彼此南北为官，聚少离多，但感情深厚，相互倾慕。黄庭坚写过很多回忆二人相逢、寄托相思、怀念好友的诗文。如《留几复饮》《再留几复饮》《赠别几复》等等。二人之交，可谓君子之交的典范。

黄庭坚的出现，引发了江西诗派的形成与壮大，也促进了北宋末年诗歌的繁荣与振兴。

好女儿

春去几时还，问桃李无言。燕子归栖风劲，梨雪乱西园。

唯有月婵娟，似人人、难近如天。愿教清影常相见，更乞取团圆。

——黄庭坚《好女儿》

人要想得到些东西，就必须准备失去些东西。在许多情况下，失去本身就是一种得到，得到是另一种意义上的失去；得到的越多，失去的也可能越多；失去的越多，得到的也可能越多。所以，人既不要因得到而满足，也不要因失去而惋惜。因得而失，因失而得，或得而复失，失而复得，是常有的，也都是正常的。

难道不是这个理吗？你看，正当黄庭坚在德州勉力为官之际，北宋的政治、经济、文化中心汴京，正在酝酿着一场足以影响历史发展走向的暴风雨。

宋元丰八年（1085 年）的一天，正值三十八岁壮年的神宗皇帝赵顼，在大内福宁殿强撑起奄奄一息的病体，向几位顾命大臣下达传位太子的遗诏后，便带着他未能实现的富国强兵梦想，到地下见列祖列宗去了。

国不可一日无主，这一年，年仅十六岁的少年宋哲宗赵煦继承大位，由神宗之母高太后垂帘听政。一朝天子一朝臣。由于太皇太后高氏向来倾向旧党，认为王安石所推行的新法搞得民怨沸腾、鸡犬不宁。因此，到了宋元祐元年（1086 年）之初，她起用了旧党领袖人物司马光、吕公著入朝拜相，新党的干将蔡确、章惇、吕惠卿等人，相继被罢免了职务。

新、旧政党轮替常见的序幕是，昨天你在台上打过我的板子，今天我上台也不会给你好果子吃。党同伐异，互不妥协。这就是柏杨先生在《丑陋的中国人》中所说的"酱缸"文化。

果然，以司马光为代表的旧党一上台，就开始了反攻倒算，一夜之间新法被全部废除，再度罢相闲居的王安石在金陵寓所郁郁而终。这位被后人称为唐宋八大家之一的大文学家，在神宗熙宁年间两任同平章事（宰相），立志实行变法，力图改变宋朝走下坡路的局面，因保守派的阻挠，新法未能很好地贯彻，含恨离开了人世，享年六十六岁。

王安石的忧愤而死，标志着北宋政坛改革家的谢幕，黄庭坚深为惋惜和痛心。尽管政见不同，但他对王安石的品格和学问一向十分推崇，始终赞赏他的"世道之颓，吾心如砥柱"的济世情怀，认为这正是积弱的大宋最缺失的精气神。

黄庭坚是个极有个性的人，他没有因为王安石的倒霉而远离，不像某些势利小人趋炎附势。他不顾旁人的非议，曾经在途经金陵时，专门祭拜王安石的陵墓。他在《跋王荆公禅简》中，不仅称赞王老先生人品之高尚，而且盛赞其小诗写得超群脱俗："荆公学佛，所谓'吾以为龙又无角，吾以为蛇又有足'者也。然余尝熟观其风度，真视富贵如浮云，不溺于财利酒色，一世之伟人也。暮年小诗，雅丽精绝，脱去流俗，不可以常理待之也。"

与新党保持往来，这在当时是一件十分危险的事情，但黄庭坚不仅将对友人的情感落到纸上，而且无怨无悔。他的心中始终珍藏着对朋友的情感，不因时变，不因势改。在黄庭坚的内心世界里，友谊超越了时空界限。在他的作品之中，除良辰美景之外，我们能够隐隐看到他和朋友并肩而行的颀长身影。

在汹涌而来和一边倒否定王安石的舆论风潮中，被视为旧党人士的黄庭坚，反其道而行之，对王安石的功过始终能秉持比较客观、公正的态度，竟然毫不避讳重新执政的旧党非议的风险，表现了黄庭坚心底无私天地宽的豁达胸怀。

新、旧党之间的倾轧，让黄庭坚看到人心不古，世态炎凉。他在《好女儿》一词中，道出了心中的苦闷和对社会和谐的向往：

春去几时还，问桃李无言。燕子归栖风劲，梨雪乱西园。

唯有月婵娟，似人人、难近如天。愿教清影常相见，更乞取团圆。

一句"燕子归栖风劲，梨雪乱西园"，道尽了朝廷人人自危的政治环境；一句"愿教清影常相见，更乞取团圆"，表现了词人对政治生态和谐的渴望。

宋元祐元年这个年份，对于沉沦下僚、出仕已近二十年的黄庭坚来说，也许是一个交好运的年头。这一年的三月，黄庭坚被朝廷召为秘书省校书郎，六月应召抵达京城，首次升任中枢机构的京官。不久，苏轼也回朝任职。这时，在宰相司马光的推荐下，黄庭坚与范祖禹、司马康共同校定他主编的编年体史学巨著《资治通鉴》。十月，他享受五品官员的待遇，担任《神宗实录》检讨官，主持编写《神宗实录》，因此，也就有了后来的"黄太史"的雅称。十一月，朝廷又命他到考试学院去工作，同张耒、晁补之并擢馆职。

随后，秦观、陈师道也相继入京。

此时，黄庭坚出入苏门，并与其他苏门弟子交游酬唱，十分快意。他的诗文之名、书法之名，享誉朝野。

回朝为官的苏轼更是连升三级，由知登州的起居舍人，升职为中书舍人，接着又升为位高权重的三品翰林学士、知制诰；苏辙被提拔为右司谏，孙觉被提拔为右谏议大夫，李常由给事中升迁为户部尚书。

总之，一朝天子一朝臣，你方唱罢我登场。高太后将原来的内阁大臣进行了一次大换血。

平心而论，高太后也不是一个乱用权力的坏女人，后人对她的评价还是很高的，称她为女中尧舜。在用人问题上，她能量才而取。

她有一亲弟弟，在朝中当一名普通的小吏，长时间未能得到提拔。宋英宗见他是皇亲国戚，想特别关照提拔一下小舅子。当时的高太后不以为然地说："我的弟弟能在朝中谋上这份差事，已经是天大的恩宠了，怎么能参照前代推恩后族的惯例呢？"

又如宋神宗执政时，好几次要用公款给岳父家修建一座豪华别墅，也被高太后严词拒绝了。后来她执意自己掏钱给娘家修建了一处普通宅子，没有伸手在朝廷国库报销一分钱。

高太后这种大公无私的精神，若是拿到今天来说事儿，纪检监察部门给她评个"贤内助"之类的荣誉称号，绝对是够标准的。

尽管高太后以廉洁奉公的面目母仪天下，但她毕竟没有君临天下的政治才能。她不懂得改革如同女人分娩，是有"阵痛"的。因此，对一意孤行、两度推行变法的王安石，一直看不顺眼，她认为基层普通老百姓的怨气怨言，都是王安石造成的，而不认为这是地方官吏利用新法中饱私囊，而导致百姓埋怨的根本原因。因此她仅凭个人好恶，特别是对苏轼才学的偏爱而大量起用旧党人士，她的这一人事安排，虽然没有改变宋朝经济困难的局面，却在无意间推动和加快了北宋王朝第三个文化春天的到来。

北宋文化发展的第一个春天，来自于太祖、太宗时期制定的"偃武修文、以文治国"方略。在这一方略的指导下，朝廷通过扩大科举诗赋取士的途径，网罗天下文化精英，李昉、徐铉、王禹偁、林逋、石介、魏野、寇准、潘阆、柳开等诗文大家，从后台走向了前台；以及杨亿、刘筠、钱惟演为代表的西昆体诗风，借势发力，推动了天水一朝文化的初步繁荣昌盛。

第二个春天，来自于范仲淹等推行的"庆历新政"改革。虽然改革短时间即告夭折，未能实现整饬吏治、富国强兵的初衷。但是，由欧阳修、范仲淹等领导并完成的新古文运动，已经成为中国文学发展史上的一个里程碑。这次新古文运动，不仅造就、涌现出了苏洵、苏轼、苏辙、晏殊、晏几道、王安石、曾巩、曾布等为代表的一大批文学巨匠，还确立了散体文的文学正宗地位，苏轼的前后《赤壁赋》成为赋体文学的一座丰碑。宋诗也开始形成自身独特的风格，卓然与唐诗并峙为双峰，直接催生了北宋中叶新文化运动的空前辉煌。

第三个春天，来自于熙丰年间进行的变法与反变法大论战。在这种政见纷起的大背景下，一些有识之士忧国忧民，他们从研讨学术的角度出发，试图建立一种比汉唐儒学更为完善、实用的政治学说，于是，熔儒释道为一炉的理学应运而生。在这个历史大背景下，高太后的无心插柳，直接促成了苏轼、黄庭坚这两大文坛领袖人物会师汴京。以苏东坡为核心的文学集团乘势而兴，进而逐渐形成相互渗透相长、影响波及后世的苏门学士和江西诗派团体，引领着北宋文学大力清除王学余绪的影响，朝着散文擅议论，诗歌长主理，词曲分婉约、豪放风格的方向发展。

有人把宋代称为"积贫积弱"的时代，"积弱"是一种存在，面对北方民族的虎狼之师，北宋王朝毫无对策；"积贫"是一种误解，在唐代经济发展的基础上，宋代社会生产力以前所未有的速度迅猛发展，达到了一个更高的高峰。

研究中国古代文学史的学者陈寅恪说："华夏民族之文化历经数千载演进，造极于赵宋之世。"

研究中国古代科技史的学者李约瑟说："每当人们在中国的文献中查考任何一种具体的科技史料时，往往会发现它的主焦点就在宋代，不管在应用科学方面或是在纯粹科学方面都是如此。"

陈寅恪和李约瑟的结论分别从人文科学和自然科学的角度，肯定了宋代文化所达到的高度。北宋张择端的《清明上河图》中那繁华的经济贸易活动，无疑佐证了陈、李二人的观点。

北宋建立后，鉴于中唐以来藩镇强盛、尾大不掉的历史教训，宋王朝决定采用崇文抑武的治国方略。朝廷重用文臣，不但宰相须用读书人，而且主兵的枢密使等职也多由文人担任。"开口揽时事，论议争煌煌"，是宋代文人纸上谈兵的精神风貌。

这些文人在政治上和学术上都具有强烈的使命感，十分重视诗文的政治教化功能。

儒家一向重视文与道的关系，唐代的韩愈首倡"文以贯道"的思想，但这种观念到宋代才真正得到文化精英们的重视。

周敦颐率先提出"文以载道"的新命题，更加强调"道"的第一性。"文以载道"思想在宋代文坛上占据统治地位。例于苏轼的蜀学被程、朱视为异端，但苏轼的文道观实质上与"文以载道"相当接近，只是他所认可的"道"，内涵比较广泛而已。

文以载道是一种价值观，它把文学的社会政治功能置于审美功能之上。

虽然宋诗中缺少像杜甫"三吏""三别"和白居易"新乐府"那样的名篇，但此类主题在宋代诗坛的普遍程度，确是超过唐代的。即使是以"浪子词人"而闻名的柳永，也写刻画盐工悲惨生活的《煮海歌》，而一向被看作专重艺术的词人周邦彦，也作有讽刺宋将丧师丧国的《天赐白》。更不用说苏轼在《江城子》中抒发的"会挽雕弓如满月，西北望，射天狼"的豪情；黄庭坚下面这首《水调歌头》，在词史的发展中，具有一定的承前启后作用，既承继了苏轼，又启迪了辛弃疾等人：

落日塞垣路，风劲戛貂裘。翩翩数骑闲猎，深入黑山头。极目平沙千里，惟见雕弓白羽，铁面骏骅骝。隐隐望青冢，特地起闲愁。

汉天子，方鼎盛，四百州。玉颜皓齿，深锁三十六宫秋。堂有经纶贤相，边有纵横谋将，不减翠娥羞。戎虏和乐也，圣主永无忧。

看吧，边塞的风光，遒劲的格调，多么豪迈，辛弃疾不就是这样的词风吗？

六、乐事赏心易散，良辰美景难得

雨中花慢

政乐中和，夷夏宴喜，官梅乍传消息。待作新年欢计，断送春色。桃李成阴，甘棠少讼，又移旌戟。念画楼朱阁，风流高会，顿冷谈席。

西州纵有，舞裙歌板，谁共茗邀棋敌。归来未得，先沾离袖，管弦催滴。乐事赏心易散，良辰美景难得。会须醉倒，玉山扶起，更倾春碧。

——黄庭坚《雨中花慢》

人生之路如战场争夺，都应该明白有进有退的道理，只进不退或只退不进，都容易招致挫折和失败。

在人生中，一般进比退好，但当该退而不该进的时候，退一步或许就能进两步。

人遇到不顺心的事时，千万不要过分地与自己较劲。努力化解麻烦是必要的，但有些事情明明已无法挽回，你又何苦纠缠下去呢？自己与自己较劲，只能增添新的麻烦，对自己造成新的伤害。

在进与退的选择上，黄庭坚与苏东坡一样，修为比较到位。

苏、黄相知相交十多年，两人之间诗词唱和、书信往来频繁，但一直无缘见面。元丰三年初，黄庭坚由北京赴汴京吏部改官时，曾经到苏府造访过苏东坡，不料苏东坡因所谓"乌台诗案"，在不久前被贬到黄州任团练副史，因此失之交臂，后来也有几次相约见面的约定，都因这事那事的牵绊，一直未能如愿。

黄庭坚入朝担任《神宗实录》编修官没多久，苏东坡便回到了京城，二人终于见面了。

一个是在黄州写下前后《赤壁赋》《大江东去》豪放词、名震朝野的文坛巨匠；一个是开创江西诗派、崭露头角的文坛新星。

有关苏、黄在京师初次见面的时间，史书并无记载。从苏轼的《鲁直所惠洮河石砚铭》文中，可以推理出大致时间。其砚铭曰：

> 洗之砺，发金铁。琢而泓，坚密泽。
> 郡洮岷，至中国。弃矛剑，参笔墨。
> 岁丙寅，斗东北。归予者，黄鲁直。

黄庭坚会见苏轼时，为了表示对未曾谋面老师的敬意，把自己珍藏多年的一方珍贵的洮河石砚，作为见面礼赠送给了苏轼。

今日写字，很少有人用毛笔和砚台。古人写字，毛笔砚台是必备之物，所以，砚台被古人视为文房四宝之一。黄庭坚将自己珍藏的心爱之物洮河石砚送给苏轼，足见他对这次会面的重视。

苏轼是大文学家，生平见过的各种名砚多矣，他为什么要为这方石砚写铭文记之呢？因为这方石砚不仅质地好，更因为他很重视黄庭坚的才华。

苏轼的这篇洮河石砚铭，详细记录了石砚的打制、质地、产区、用途以及赠者和时间。其中"岁丙寅，斗东北"二句为记赠年月，丙寅即宋哲宗元祐元年（1086年）；斗东北则为时间。古人以北斗星方向的转移代替季节。《鹖冠子·环流》说："斗柄东指，天下皆春；斗柄南指，天下皆夏；斗柄西指，天下皆秋；斗柄北指，天下皆冬。"斗东北则是说斗柄由北向东渐转之象，此时为冬末春初态势。

从这段文字可以看出，黄庭坚赠砚苏轼的时间，是在宋元祐元年三月的初春之时。

苏轼回京任职不久的一天，苏轼正在书房看书，便听到家仆前来禀报，说黄庭坚特来拜访，正在客厅等候。苏轼听说是黄庭坚来了，连忙放下手中的书，到客厅去迎接客人。

"不知鲁直今日光临舍下，有失远迎，请多见谅！"苏轼抱拳揖道。

"不请自来，叨扰叨扰！"黄庭坚急忙还礼。

"今日一见，鲁直贤弟果然超逸绝尘，不是我想象的分宁一茶客哟！不久前，我读到贤弟的《双井茶送子瞻》一诗，真是唤起了我在黄州种茶的情思啊！"苏、黄二人虽然未曾谋面，但黄庭坚知道苏轼于茶道甚有研究。前不久，他收到老家送来"双井茶"，便立刻将茶分赠给好友苏轼，并写下了一首《双井茶送子瞻》诗：

> 人间风日不到处，天上玉堂森宝书。
>
> 想见东坡旧居士，挥毫百斛泻明珠。
>
> 我家江南摘云腴，落硙霏霏雪不如。
>
> 为君唤起黄州梦，独载扁舟向五湖。

　　黄庭坚见苏轼重提这首诗，忙说："子瞻兄，见笑了，相见恨晚呀！弟子这厢有礼了！"说罢，黄庭坚执弟子礼跪拜。

　　苏轼急忙扶起行拜师大礼的黄庭坚，说："使不得，受不起呀！你我兄弟相称即可。"因为苏轼年长黄庭坚八岁，执意以兄弟相称。

　　"子瞻兄道德文章妙绝天下，海内无不仰视。我能拜在子瞻兄门下，实乃三生有幸。理当如此，理当如此呀！"黄庭坚执意要拜师入苏轼门下。

　　"既然如此，愚兄谦之不恭了。鲁直呀，方今天下王氏之学仍盛行，王氏之文未必不善也，而患于好使人同己。沽名钓誉之徒借之为利禄谋耳，其源正出于王氏欲以其学同天下。如今新朝新气象，你我均需力尽所学之长，行矫枉反正之责！"苏轼快人快语，说出了自己不同意王安石"使人同己"的文学观点。

　　黄庭坚接过话题说："子瞻兄所言，愚弟深以为然。文学之衰，未有如今日者也。鲁直不才，愿追随先生左右，为我朝文学中兴尽绵薄之力。"

　　就这样，两位北宋文坛的巨星，终于在京师初次会面，并达成了欲振兴大宋文学，须先对熙、丰以来的王学予以重新检讨和拨乱反正，才能开创大宋朝文学艺术新局面的共识。

　　黄庭坚回到家中，想到新朝新气象，苏轼的一番文学高论，心情格外愉快。于是铺纸挥毫，一首《雨中花慢》，挥笔成章：

　　政乐中和，夷夏宴喜，官梅乍传消息。待作新年欢计，断送春色。桃李成阴，甘棠少讼，又移旌戟。念画楼朱阁，风流高会，顿冷谈席。

西州纵有，舞裙歌板，谁共茗邀棋敌。归来未得，先沾离袖，管弦催滴。乐事赏心易散，良辰美景难得。会须醉倒，玉山扶起，更倾春碧。

人逢喜事精神爽。一句"乐事赏心易散，良辰美景难得"，道出了词人对时局的赞赏。

此次苏府相见，对于执弟子礼的黄庭坚来说，除了终于见到了十多年来日夜神往和令其佩服得五体投地的苏轼之外，还有两个意外的发现，或者说是意外的收获。

一是他以前认为所谓三国名将关羽为"美髯公"，不过是说书人的夸张之词。前几年在德州碰上胡须垂胸的赵挺之，他的看法便多少有些改变。这一次与苏轼零距离促膝长谈后，他才确信漂亮的胡子不只是给男人平添威仪，还对提升人的整体形象有着不错的装饰作用。他听说过潘大临在武昌樊口隐居时，苏轼贬谪黄州，经常过江到西山访古探幽，每次过江，苏轼必到樊口与潘大临对饮，吃武昌鱼，品武昌酒，然后上西山与西山寺高僧读佛论道。潘大临非常欣赏苏轼的胡子，尝言东坡先生一把好胡子尽显其豪放之气，方能写出前后《赤壁赋》这等千古绝唱。元代著名女诗人郑允端在《东坡赤壁图》一诗中说"留得清风明月在，网鱼谋酒付髯苏"，称赞东坡的美髯甲天下。当然，以苏轼的才学与气度，加上长长的胡须，才配称北宋政界第一"美髯公"的雅号。

二是他在苏府做客时，苏轼召唤侍妾王朝云送茶点，他目睹了什么是人间绝色。早在德州时，他就听人说起过苏轼在发妻王弗亡故后，纳杭州名妓王朝云为侍妾。苏轼因反对王安石新法而被贬为杭州通判之时，常与文友同游西湖，一日，宴饮时招来王朝云所在的歌舞班助兴，悠扬的丝竹声中，数名舞女浓妆艳抹，长袖徐舒，轻盈曼舞，而舞在中央的王朝云又以其艳丽的姿色和高超的舞技，特别引人注目。舞罢，众舞女入座侍酒，王朝云恰转到苏东坡身边，这时的王朝云已换了另一种装束：浓装洗净，黛眉轻扫，朱唇微点，一身素净衣裙，清丽淡雅，楚楚可人，别有一番韵致，仿佛一股空谷幽兰的清新之意，沁入苏东坡因世事变迁而黯淡的心。

此时，本是丽阳普照，波光潋滟的西湖，由于天气突变，阴云蔽日，山水迷蒙，成了另一种景色。湖山佳人，相映成趣，苏东坡灵感顿至，挥毫写下了传颂千古的描写西湖佳句："水光潋滟晴方好，山色空蒙雨亦奇。欲把西湖比西子，淡妆浓抹总相宜。"

今日一见，王朝云一句"黄太史请看茶"的吴侬软语，让黄庭坚不由得想起江州司马白居易"如听仙乐耳暂明"的听觉享受。黄庭坚暗想，也只有王朝云这样既有倾国倾城美貌，而又清新脱俗气质高雅的女子，方能配做东坡先生的红颜知己。

苏、黄相会之后，由于文坛巨匠苏轼的极力推荐和褒扬，黄庭坚的才学受到了当朝高太后的嘉奖。

一时间，黄庭坚的名气青云直上，直追苏轼，被时人称颂为"苏不离黄，黄不离苏，苏黄写尽天下诗"。

黄庭坚入京之初，由于有苏轼的援引、关照和相伴，修史工作得心应手，卓有成效；生活也很惬意，老母高寿，儿女绕膝，几个弟妹陆续成家立业。可谓"会须醉倒，玉山扶起，更倾春碧"。

作为"江西诗派"的领头雁，黄庭坚觉得自己能投到苏东坡的门下，无疑能带动江西诗坛的兴旺。

木兰花令

新年何许春光漏,小院闭门风日透。酥花入坐颇欺梅,雪絮因风全是柳。

使君落笔春词就,应唤歌檀催舞袖。得开眉处且开眉,人世可能金石寿。

——黄庭坚《木兰花令》

元祐元年,对于黄庭坚来说,无疑是个春风得意的年头。他不仅从一名地方官改任京官,更因京城这个大舞台,能够充分施展自己的才华,结交当时的名流雅士。

汴京群英璀璨,名流云集。精于诗词书画的行家,上达王公贵族,下至市井寒士。博学多才的诗人、词人、学者和书画家,往往特别受人追捧。

比如身处仁宗朝的柳永,自称"奉旨填词",他善作慢词,或因旧曲创新声,或依新声填新词,虽"词语尘下",但流传极广,因此叶梦得在《避暑录话》中说"凡有井水处,即能歌柳词"。可见当时社会对名家的追捧程度,一点也不比今天差。

元祐初年,每当宰相司马光的诗文作品完成时,那些文人雅士们就争先一睹为快,而且很快就能流入市井坊间,就连菜场卖菜的小商小贩们,也能背上一两句司马光的诗文。

苏东坡的词,更是歌伎们争相得到的作品。因为,青楼教坊如能首唱苏轼的词,生意会直线上升,给"老板"带来丰厚的收益。

　　至于李公麟作的壁画、米元章写的壁书、黄庭坚写的行草，被人们称为京都书画三绝，成了汴京都市文化圈中的一道文化景观，汴京百姓都以能一睹李、米、黄三人的作品而引以为豪。

　　俗话说，人怕出名猪怕壮，讲的就是一举成名天下知的背后，会有许多应接不暇的事缠上你。比如说，黄庭坚是超一流的书法名家，想收藏他的墨宝的人自然不在少数，因此，每天来馆阁、到家中求其墨宝的达官贵人和文士骚客络绎不绝，有时来人较多弄得办公室坐满了人，这不仅使黄庭坚上班耽误公事，而且使他下班回家也不得安宁，一进家门，就发现有索取书法者已等候多时了。

　　苏轼与黄庭坚，由于政治、文学主张及生活情趣十分接近，兴趣相投，彼此不见面则已，一见面便觉得难分难舍，意犹未尽，可以说是，不是亲兄弟胜似亲兄弟。

　　黄庭坚三天两头往苏学士府邸跑，苏东坡有空闲也会到黄宅走走。文人多好酒，酒能生诗文。每次苏、黄会面攀谈，多半是一边乘兴挥毫、吟诗作对和逞才斗学，一边不停地喝酒助兴、畅叙风月。

　　黄庭坚开怀畅饮后喜欢挥笔草书。不久前，苏、黄的好友钱勰出使高丽返京，给他二人各带回一支十分珍贵的猩猩毛笔。

　　黄庭坚得到这支毛笔时，十分高兴，当即用它创作《和答钱穆父咏猩猩毛笔》诗一首，以记其事：

　　　　爱酒醉魂在，能言机事疏。
　　　　平生几两屐，身后五车书。
　　　　物色看王会，勋劳在石渠。
　　　　拔毛能济世，端为谢杨朱。

接着，黄庭坚又书写了两幅草书请苏轼指教。苏轼看后，当即提笔在黄字后补上《题山谷草书尔雅后》，盛赞道："鲁直以真实心出游戏法，以平等观作欹侧字，以磊落人录细碎书，亦三绝也。"

苏轼的这段文字，对黄庭坚的草书评价极高。可见，此时黄庭坚的书法已达炉火纯青之境界。

苏、黄二人唱和，汴京城中雅士云集，使黄庭坚在京城的日子过得春风得意。他后来在一首《木兰花令》的词中，回忆了这段难忘的岁月：

> 新年何许春光漏，小院闭门风日透。
> 酥花入坐颇欺梅，雪絮因风全是柳。
> 使君落笔春词就，应唤歌檀催舞袖。
> 得开眉处且开眉，人世可能金石寿。

此词上阕写景，下阕写情，字里行间渗透着词人春风得意、下笔成章的生活激情。

黄庭坚平生创作了诸如"新年何许春光漏，小院闭门风日透"，"溪上桃花无数，枝上有黄鹂"等大量的优秀词句。相比之下，他的贬谪词比他的写景词，更耐读、更感人。中国历代优秀作品多来自民间，来自命运重压下的沉重呼吸和切肤疼痛。中国被贬文人的怀旧情结，在他们的笔下，得到了浓重的体现。

在馆阁修史的日子里，黄庭坚每天最大的工作量就是伏案写作。但他一直是兢兢业业，不敢有丝毫的大意。可以说是手不释卷，笔不离手，而且都是用端正的小楷书写。他认为这样正可以练好书法的基本功，于公于私两不误，所以他很珍惜这份工作。

苏轼作为名闻朝野的大学士，骚客盈门是常有的事。而登门最频繁的当然是黄鲁直、秦少游、张文潜、晁补之等苏门四学士。苏轼是个豪爽之人，黄、秦、张、晁等人每次登门，苏轼总是拿出珍贵的龙团茶招待他们。

苏轼的烹茶技艺十分高超，对茶的认识超过常人，他常说，茶能助诗思，战睡魔。认为茶道即禅道。

元丰元年，苏轼任徐州太守。这年春旱，入夏喜得甘雨，苏轼去城东二十里的石潭谢神降雨，作《浣溪沙》五首纪行。词云："……酒困路长惟欲睡，日高人渴漫思茶。敲门试问野人家。"形象地记述了他讨茶解渴的情景。他夜晚处理公事要喝茶，在《次韵僧潜见赠》中说："簿书鞭扑昼填委，煮茗烧栗宜宵征。"他创作诗文要喝茶，在《赠包安静先生茶三首》中说："皓色生瓯面，堪称雪见羞。东坡调诗腹，今夜睡应休。"他睡前睡起也要喝茶，在《留别金山宝觉圆通二长老》诗中说："沐罢巾冠快晚凉，睡余齿颊带茶香"；在《越州张中舍寿乐堂》诗中说："春浓睡足午窗明，想见新茶如泼乳。"

烹茶之劳，苏东坡总喜欢亲自操作，不放心托付于童仆。他在《鲁直以诗馈双井茶次韵为谢》中说："磨成不敢付童仆，自看汤雪生玑珠。"

名列苏门四学士之首的黄庭坚，有时还带妻子石氏去苏家，说是让手脚勤快、利索的石氏帮苏家料理一下家务。石氏与王朝云均出身低微，抛头露面机会不多，两人一见如故，亲如姐妹，有说有笑。

有一次，石氏与王朝云谈佛论道，说到佛性本质，颇有心得，王朝云甚感惊讶，感叹其夫唱妇随。两家妻妾间的来往日益密切，枕边风的轻吹慢拂，使苏、黄之间的了解与友情越来越深，越来越无话不谈。

闲暇之日，黄庭坚到苏府往往是来得最早，走得最晚。

有一天清晨，天空淅淅沥沥下着小雨，黄庭坚头一天晚上酒喝多了一些，后半夜醒来之后再也无法入眠。于是他早早起床，冒着细雨散步，顺着官道不知不觉便来到了城西苏府的门前。因这天是晚睡早起，又是细雨拂面，他的精气神很好，诗兴大发，于是信口吟出了《雨过至城西苏家》：

> 飘然一雨洒青春，九陌净无车马尘。
> 渐散紫烟笼帝阙，稍回晴日丽天津。
> 花飞衣袖红香湿，柳拂鞍鞯绿色匀。
> 管领风光唯痛饮，都城谁是得闲人。

凑巧的是，苏轼刚起床正在院中散步，他听到黄庭坚在门外即兴吟咏这首诗时，情不自禁击掌说："好诗！好诗！"急忙打开院门，把黄庭坚请进了自己的书房。

这一天，宾主二人从此诗破题，兴致未减地读了一整天，有着说不完的话题，古今中外，天南海北，无所不言；经史子集，天文地理无所不及。不过，他们谈论最多的是如何尽快肃清王学专制的流毒，以振兴大宋文学艺术。

古今中外，无论是流血的或者是不流血的政治斗争，其动因只有一个，就是意识形态领域观念的不同。元祐更迭撬开了又一轮的新党、旧党政治观念的轮替。

随着旧党人士的重新上台执政，比王安石这位"拗相公"之"拗"有过之而无不及的宰相司马光，不顾苏轼、范纯仁等大臣"反对尽废新法"的合理意见，一夜之间对新党推行的"农田法""青苗法""免役法""均输法""均税法""保甲法"等所有新法，不问青红皂白地统统予以"枪毙"，由此导致危机四伏的北宋政坛，陷入了更加波诡云谲的旋涡之中……

政治领域的大清算反映到文教领域，就是废除了不合时宜的"贡举法"，清除曾风靡一时的王学的负面影响。

王安石新法中有一项是改革科举取士制度的。

宋熙宁四年重定贡举法，王安石主张除进士一科外，其他诸科皆罢除，而进士科亦罢去诗歌，试题只考经义、策论。熙宁八年，王安石主持编纂的《诗》《书》《礼》"三经新义"修成，成为科场和学官的法定教科书。令天下士子非从"三经"者不预贡举之列，经义、策论一律按"三经新义"发挥，先儒之传注尽废。这种文化统治政策，扼杀了宋初以来宽松的文化思想环境；废弃诗赋的做法，对诗词歌赋的发展，无疑是一道障碍。随着时间的推移，其消极影响愈加明显。

智者千虑，必有所失。在如何对待新法的问题上，身为江西诗派领袖的黄庭坚认为，新法不能一概否定，当择善而行。贤者唱古声。他在元祐元年所作的《和邢惇夫秋怀十首》之四怀着敬畏与赞许之情写道：

> 王度无畦畛，包荒用冯河。
> 秦收郑渠成，晋得楚材多。

> 用人当其物，不但轴与薼。
>
> 六通而四辟，玉烛四时和。

在黄庭坚的眼中，王者治理天下，不应拘囿于党派门户之见，而要兼收并蓄，取长补短。在这首诗中，他引用了《易·泰卦》的说法："包荒用冯河，不遐遗，朋亡，得尚于中行。"王弼注释这几句时说："能包含荒秽，受纳冯河者也。用心弘大，无所遐弃，故曰不遐遗也。无私无偏，存乎光大，故曰朋亡也。如此乃可以得尚于中行。"

"秦收郑渠成，晋得楚材多。"只有博大的胸怀，才能造就博大的事业。

一落索

谁道秋来烟景素，任游人不顾。一番时态一番新，到得意、皆欢慕。紫萸黄菊繁华处，对风庭月露。愁来即便去寻芳，更作甚、悲秋赋。

——黄庭坚《一落索》

喜怒哀乐，是人生中的常事，但它也最能影响人的心绪。因忧而导致心理失衡者有之，因喜而损害人生者亦有之。人尤其要切忌大喜大悲，因为无论大喜或大悲，都不利于保持心灵的安静。

黄庭坚的这首《一落索》，道尽了人生大喜大悲的纠结关系。

"一番时态一番新，到得意、皆欢慕。"大喜也。

"愁来即便去寻芳，更作甚、悲秋赋。"大悲也。

在黄庭坚的眼里，人生应力戒大喜大悲，无论人生坎坷，抑或宦海浮沉，都应坦然面对。

一天早晨，众大臣齐集大殿，等候早朝。哲宗皇帝和高太后迟迟未上朝。大臣们等了好久，等来的却是太监出来传达皇帝口谕，说是皇上龙体欠安，今日免朝，请大家回去各司其职、各司其事。

领班大臣司马光、吕公著离去后，还有十几个准备好奏事的大臣没有离去，他们留在文德殿朝房中聊天。大家七嘴八舌地讨论着王安石创立的"字源学"，对王氏标榜的"自创之功"，无不感到荒唐可笑。

文人多好聚。翻开宋词，文人之间，总有聚不完的酒会，说不完的闲话，叙不完的旧情。天南海北，诗词学问，想到哪儿，说到哪儿。

宗正丞刘挚率先开口说："王荆公自创的所谓字源学，只在字的结构与来源上凭空想象，后来弄得破绽百出，结果是自己也难以自圆其说，怎么能称其为一门学问呢？"

苏轼接过话题道："是呀，我曾当面质问过荆公，为何鸠字由九鸟二字组成呢？荆公无以言对，我又戏弄他道：《诗经》上有'鸣鸠在桑，其子七兮'。七鸟再加上父母，不是九只鸟吗？"苏轼的一番调侃，引得众人哄堂大笑。

苏辙举手示意大家安静，然后接过苏轼的话题说："此事我记得兄长质问过荆公，如其所谓的'波'者水之'皮'也可解得通的话，那么'滑'者就是水之'骨'了？"

苏辙的描述，逗得大家又是一阵大笑，深以为然。

这时，有人提议请一直默不作声的黄庭坚发言，谈一谈对当前文学的看法。

黄庭坚同苏轼的性格一样，敢于直言，无所讳忌。他说："我正好有新鲜诗出炉，容我在诸位大人面前献丑吧！"说罢，他一口气吟出了八首诗，其中第五、第七首诗曰：

（五）

先皇元丰末，极厌士浅闻。只今举秀孝，天未丧斯文。
晁张班马首，崔蔡不足云。当令横笔阵，一战静楚氛。

（七）

荆公六艺学，妙处端不朽。诸生用其短，颇复凿户牖。
譬如学捧心，初不悟己丑。玉石恐俱焚，公为区别不。

众人听罢，连称好诗。在这组诗中，黄庭坚不仅指出了熙宁以来文学的渐衰之势，而且肯定了当下朝廷大量起用文学人才的举措，以及对文学复兴的殷切期望和憧憬；更为可贵的是，他敢于说真话，认为"荆公六艺学，妙处端不朽"是应该受到推崇的，钉是钉，铆是铆，不可以寸朽而弃连抱之材。

这次朝堂调侃王安石"字源学"不久，入朝为相不足一年的司马光于元祐元年九月与世长辞。对于一代文史大家的离世，苏、黄二人十分哀痛，均写了挽诗，深切悼念这位主编《资治通鉴》的大史学家。

黄庭坚在《司马文正公挽词四首》中，倾注了对司马光的深切敬意和公正评价：

（一）

元祐开皇极，功归用老成。惟深万物表，不令四时行。
日者倾三接，天乎奠两楹。堂堂宁复有，埋玉恸佳城。

（二）

国在多艰日，人如大雅诗。忠清俱没世，孝友是生知。
加璧延诸老，櫜弓抚四夷。公身与宗社，同作太平基。

黄庭坚自拜入苏轼门下后，便以通经达史、诗文名家，一跃成为仅次于苏轼的苏门学府的中坚力量。他非蜀籍人士并声称从不结党，但由于与苏轼走得太近，因此被政界和文学界列为蜀党的二号人物。虽然他的官职比苏辙低得多，但文学界与官场的不同之处是，看你的词赋是否有韵味，看你的作品能否"文以贯道""文以载道""文以明道"，而不是以你的官职大小和地位高低而论英雄。

平心而论，苏辙能位列"唐宋八大家"之列，实力是有所不够的，他能位列其中，当然是沾了父兄二人的光。黄庭坚与之比硬实力，除了散文一项两人各有千秋、互有长短之外，其余如诗歌、诗文理论、词曲、书法、音律、绘画鉴赏等方面的成就，黄庭坚无疑都在苏辙之上。

黄庭坚与苏轼从早年相交到京城同朝为官，经历了十多个春秋的考验，到元祐元年二人终于在京城相逢，从此苏、黄并称于世。由于苏黄二人的人生观、价值观、世界观相近，因此二人在政治上同声相应，在学问上相互砥砺，可谓荣辱与共、同呼吸、共命运，结下了深厚的友情。

元祐元年四月，朝廷面向全国选拔政事、文学、史学、行谊方面的人才，经过层层筛选，被推荐上来的十三人召试学士院，由翰林院学士苏轼亲自担任主考。结果，毕仲游、张舜民、晁补之、张耒、廖正等以优等入选馆阁之臣。

馆阁之臣为朝廷中级朝官，官衔、待遇虽然不算太高，但非饱学之士是不能充任的。

京城馆阁史局人才荟萃，黄庭坚、晁补之、张耒属其中的中坚台柱。在他们周围又聚集了一大批文人学士，大家共同尊奉苏轼为"领袖"。随着时间的推移，苏轼门下渐有所谓"四学士"之名，他们是已入馆阁的黄庭坚、晁补之、张耒，再加上秦观。秦观于宋元丰八年考中进士，次年由苏轼以"贤良方正"推荐于朝，他以婉约词风饮誉北宋词坛，坐上"四学士"第二把交椅。

除了苏门四学士之外，再加上陈师道和李廌，即所谓的"苏门六君子"。此外，在苏、黄的吸引或举荐下，还有李格非、廖正一、李禧、董荣组成的所谓苏门"后四学士"，以及邢惇夫、王定国、王直方、刘景文等一批俊彦皆聚集于朝廷。

黄庭坚在较短的时间内名震京城，与苏轼不遗余力的推荐、游说和鼓吹，不无关系。苏轼在《举黄庭坚自代状》中说：

蒙恩除臣翰林学士，伏见某官黄某，孝友之行追配古人，瑰玮之文妙绝当世，举以自代，实允公议。

按照宋代官制规定，官员因事暂离某职，可举人自代。苏轼举荐黄庭坚代理其翰林学士之职，由于政敌的反对而未能如愿，但足见他对黄庭坚才学的欣赏和信任。

最令人感动的是，邵博在其《闻见录》中记录了这样一个故事："鲁直以晁载之《闵吾庐赋》问东坡，何如？东坡报云：'晁君骚辞，细看甚奇丽，信其家多异才耶！然有少意，欲鲁直以渐箴之。凡人为文，宜务使平和，至足之余，溢为奇怪，盖出于不得已耳。晁君喜喜奇似太早，然不可直云尔。非为之讳也，恐伤其迈往之气，当为朋友讲磨之语可耳。'予谓此文章妙诀，学者不可不知，故表出之。"

从《闻见录》中苏、黄的一席对话中，可以看出苏、黄作为一代文学大家，是如何不遗余力、循循善诱、呕心沥血地提携和奖掖后学的。正是他们这种甘当人梯的精神，才促使元祐时期大批文学精英的脱颖而出，涌现出了许多个性张扬、特立独行的人物，有力地推动了文学的繁荣。

公务之余，苏门子弟经常在一起游乐聚会、品茶论道、论诗说赋、诗词酬唱、鉴书赏画，大畅师友之情。

当时，由于政治环境宽松，苏、黄与众文士的诗词评论相当自由，他们隔三岔五便相约在一起，各抒己见，诗酒年华，大快平生。南宋笔记体文学家吴曾在《能改斋漫录》中说，苏门"四客各有所长。鲁直长于诗辞，秦、晁长于议论"，还引来张耒诗曰：

长公（东坡）波涛万顷海，

少公（子由）峭拔千寻麓。

黄郎（山谷）萧萧日下鹤，

陈子（师道）峭峭霜中竹。

秦文（少游）佳丽纤桃李，

晁论（补之）岭蜼走珠玉。

有人认为，苏、黄政见上均略偏于保守，因此被人们视为反对变法的旧党中的人物。但与众不同的是，尽管他们都是新法反对者，但在任地方官时，他们对于新法中的一些明显有利于民众的举措，都能力所能及地贯彻执行。当旧党上台尽废新法时，他们又认为新法不是金科玉律，当择善而行，二人都采取了"合理取舍"的处事态度。

正因为如此，在北宋朝廷政治舞台上新旧两党的交替之中，苏、黄二人总体上同属从不结党、无功利目的和两不沾边的中间派人物。

在文学理论和创作主张上，苏、黄认为宋代文化处于登峰造极的唐代诗文之后，不能无所作为地学唐、趋唐，而应另辟蹊径，走出一条具有自身特色的诗文发展之路。

在文学创作的自信心上，苏轼明显比黄庭坚有底气。诗仙李白可谓诗压大堂，也十分自信，他在《江上吟》中说自己的诗"兴酣落笔摇五岳，诗成啸傲凌沧州"。可苏大学士比诗仙李白更牛！他在《记承天寺夜游》中自豪地说："吾文如万斛泉源，不择地皆可出。在平地，滔滔汩汩，虽一日千里无难。及其与山石曲折，随物赋形，而不可知也。所可知者，常行于所当行，常止于不可不止，如是而已矣！其他，虽吾亦不能知也。"

这是何等的霸气，何等的自信！苏轼不愧为文坛领袖，他这一番话是在向世人宣告：我的文章以开拓创新为目标，无所谓风格，不受任何约束，大象无形，大音若稀，悟我者生，摹我者死。

诗无常式，文无定法。这就是苏轼的诗文准则。

减字木兰花

终宵忘寐，好事如何犹尚未。仔细沉吟，珠泪盈盈湿袖襟。
与君别也，愿在郎心莫暂舍。记取盟言，闻早回程却再圆。

——黄庭坚《减字木兰花》

诗词有韵律，诗词创作风格也有韵律。

苏、黄在主张文学创新的大旗下，又有着各自创作方法上的差异。

苏轼有如李白，是世间少有的天纵之才，行文"如行云流水，初无定质"，而"文理自然，姿态横生"，走的是一条常人难以企及的天赋型创作道路。

黄庭坚师承杜甫，行文讲究法度，规摹古人，锻造句律，强调夯实基本功，诗词学问要从书本中来，走的是一条依靠后天努力的后致型创作道路。

创新路径的选择不同，二人的风格也明显不同。苏诗气象宏大，如大江大河，风起涛涌，自成奇观；黄诗气象森严，危峰千尺，拔地而起，使人望而敬畏。

苏轼诗文纵横捭阖，汪洋恣肆，任性而为，锋芒毕露，嬉笑怒骂皆成文章；黄庭坚诗文以俗为雅，以故为新，主要在用字造句及体裁、格律上下功夫。

黄庭坚在《书王知载朐山杂咏后》一文中说：

诗者，人之性情也，非强谏争于庭，怨愤诟于道，怒邻骂座之为也。其人忠信笃敬，抱道而居，与时乖逢，遇物悲喜，同床而不察，并世而不闻；情之所不能堪，因发于呻吟调笑之声，胸次释然，而闻者亦有所劝勉，比吕律而可歌，列干羽而可舞，是诗之美也。

这是黄庭坚关于诗歌方面的原则性理论。在他看来，诗歌是个体性情的表现，不宜用于过多地参与政治，议论是非。只能发于呻吟调笑之声，使作者自我胸次释然，而闻者亦有所劝勉；可以适合于歌舞的诗词，才是具有艺术性的优秀作品。

苏、黄在京师供职和相聚三年半的时间，据不完全统计，在这些日子里，他二人唱和的诗词有近百首之多，大都是情调高雅，畅谈朋友之情的作品。

以苏、黄为旗帜的诗酒唱和活动，文学艺术界的精英们，往往流连京城胜景，他们经常结伴而行，足迹遍布城内城外的名胜古迹。在以诗词为主的文学活动中，著名画家李公麟、书法家米芾等人常参与其中，并为之作画挥毫，更增添了雅士云集的情趣。

有一天，当朝驸马爷王诜（字晋卿）在家中西园举办文化名家盛会，邀请苏轼、苏辙、黄庭坚、米芾、蔡肇、李之仪、李公麟、晁补之、张耒、秦观、刘泾、陈景元、王钦臣、郑嘉会、圆通大师十五人游园，这便是中国艺术史上有名的一次文化盛会。当时，画家李公麟有感而发，创作了纪实名画《西园雅集图》，米芾为此画题词。

这幅画的画面是：松桧梧竹，小桥流水，极园林之胜。宾主风雅，或写诗、或作画、或题石、或抚琴、或看书、或说经，极宴游之乐。李公麟以他首创的白描手法，用写实的方式，描绘这十六位文化名流，在西园做客聚会的情景。画中，这些文人雅士风云际会，挥毫用墨，吟诗赋词，抚琴唱和，打坐问禅，衣着得体，动静自然，书童侍女，举止斯文，落落大方。不仅表现出不同阶层人物的共同特点，还画出了尊卑贵贱不同人物的个性和情态。米芾为此图作记，即《西园雅集图记》，"水石潺湲，风竹相吞，炉烟方袅，草木自馨。人间清旷之乐，不过如此。嗟呼！汹涌于名利之域而不知退者，岂易得此哉"。

词在宋代，是一个传媒，也是一个擂台。众人分座，比才比词，这种不确定主题、富有趣味性的文学竞赛活动，时至今日仍然沿袭不衰，将寂寞的文坛搅得风生水起，花絮繁多。

论诗文、词曲、书法之功力，当时有诗歌苏、黄齐名；词曲苏轼为一代豪放词宗，婉约词则秦七（秦观）黄九（黄庭坚）并称；书法有苏（苏轼）、黄（黄庭坚）、米（米芾）、蔡（蔡襄）四大家的说法。作为弟子的黄庭坚，大多是被老师苏轼压过一头，这一点黄庭坚是心悦诚服的。但是，每逢嬉闹游戏的场合，师徒斗起嘴来也是暗含讥讽，互不相让的。

有一天，苏、黄二人应邀参加康王府的一个宴会。康王见苏、黄两大词曲高手到场，他便召来几个美丽的歌伎弹唱苏、黄二人的词作。

由于苏轼那首著名的豪放词《念奴娇·赤壁怀古》不甚合乐，一名歌伎草草唱了一遍以后，就再没有人接唱苏词，反而是黄庭坚在太和任上所作的一组细雨中吟咏的《减字木兰花》被接连演唱：

终宵忘寐，好事如何犹尚未。仔细沉吟，珠泪盈盈湿袖襟。

与君别也，愿在郎心莫暂舍。记取盟言，闻早回程却再圆。

一曲终了，另一歌伎又唱道：

馀寒争令，雪共蜡梅相照影。昨夜东风，已出耕牛劝岁功。

阴云幂幂，近觉去天无几尺。休恨春迟，桃李梢头次第知。

这时，头牌歌伎端酒走到黄庭坚的面前，说："黄太史，陈师道尝言，'今代词手，唯秦七、黄九尔，唐诸人不逮也。'此评语可谓高妙。"

黄庭坚端起酒杯，一饮而尽，然后故意大声说："苏大学士在此，黄某怎敢僭越？"

苏轼佯装看不惯，拂袖起身走开了。

黄庭坚却若无其事，依旧大快朵颐。

第二天，苏轼似乎余怒未消，跑到黄庭坚住处醋池寺的退听堂责备他说："你还在得意那件事情吗？昨天酒宴上有歌伎，我心中却没有歌伎；今天这书房里没有歌伎，可你心里还满是歌伎，劝你好自为之吧！"说罢，扬长而去。

宋代是词的盛世，宋词的形式已经完美到了极致。宋代不仅在书法史上是一个花季，在词学史上更是一个花季。如果说最好的词人在宋代，这样说仿佛是一种历史宿命，那么多词人就像是彼此有约定一样，先后登场。词至北宋末年，以苏、黄为代表的词人唱响词坛后，犹如一次火山喷发，光焰冲天，热浪袭人，带动了南宋词的大发展。

元祐三年正月，苏轼奉命主持恩科考试，另外两位主考官是吏部侍郎孙觉、中书舍人孔文仲。三位主考在太学搭台上任的头一天，就为推选负责评卷把关的参详官人选问题进行了商议。

苏轼对孙、孔二人说："蒙太皇太后恩典，令下官主持此次恩科进士考试，由于时间仓促，对负责命题、阅卷、录用把关的参详官的才学要求很高，二位大人可有合适人选？"

"苏大人才高八斗，名满天下，自然是慧眼识才。大人直接提名人选，我等会签付署奏报朝廷批办可也。"孙、孔二人谦逊地回答说。

苏轼说："下官本已拟定黄庭坚、陈轩两位，论才学，此二人堪当大任。但一想起去年我因病不能视事，曾举荐黄庭坚代行翰林学士之职，结果遭到赵挺之等人的交相攻讦，不仅事情没有办成，还让鲁直大受委屈，现在仍是心有余悸啊！"

孔文仲毫不迟疑地说："用黄庭坚和陈轩，可谓众望所归啊！古人云：大行不顾细谨，当断不断，反受其乱。我看此事就这么定了。我相信孙大人也不会有意见。"

"用黄庭坚对我来说是内举不避亲。这两位也一直是下官看好的才俊。苏大人，不必犹豫啦，有什么事我们三人共同担待吧！"孙觉回答得更加爽快。

"好吧，既然二位大人与我意见一致，此事就这么定了。"苏轼最后拍板说。

这次进士恩科考试，规模超过以往。黄庭坚、张耒、晁补之、李公麟、李昭玘、廖正一、蔡肇、陈轩、单锡等十五人参详、校定、点检试卷。当时，天下举子共四千七百三十二人，集中在太学参加考试。

　　到了正月二十一日"锁院"那天，众考官进入礼部试院即关闭院门，要到三月初一考试结束才能出来。在此期间，考官们不准回家住宿，不准会见亲友，活动的范围只能在试院围墙之内，门口有禁卫严加把守。

　　一天晚饭后，苏、黄在试院内一边散步一边交谈。黄庭坚对苏轼说："考校官李公麟这几天足不出户，笔不离手地作画自娱，据说他最近自感打通了任督二脉，创作的都是上乘作品。"

　　"有这等事吗，你我不妨径直到考校馆去看看。"苏、黄二人朝考官休息馆走去。

　　此时，满屋子的人，都在看李公麟作画，苏轼一进馆门就惊讶地说："原来大家都在这儿，看来还是伯时兄的画吸引人啊！"

　　"苏学士过奖了。我们闲来无事，故此自寻消遣。"李公麟一面说，一面请苏轼、黄庭坚评论指点刚刚画成的一幅骏马图。因他知道，苏、黄二人都擅长丹青。

　　"好马啊，形态逼真，奋蹄绝尘，我看伯时兄画的骏马与前朝韩干不相上下。诸位都是成名已久的大诗人，我提议每人作诗一首，公议最佳者入选题画诗，好马配上好诗，才算是珠联璧合呀！"苏轼说出了大家的心声。

　　半个时辰后，在场的十多名考官共作诗十五首，经过公议推选，确定最先成诗的黄庭坚的《观伯时画马礼部试院作》为第一，苏轼的《次韵黄鲁直画马试院中作》虽格调高雅，由于是依黄诗原韵，只能屈居次席了。黄诗曰：

　　仪鸾供帐饕虱行，翰林湿薪爆竹声，风帘官烛泪纵横。

　　木穿石盘未渠透，坐窗不遂令人瘦，贫马百啮逢一豆。

眼明见此玉花骢，径思著鞭随诗翁，城西野桃寻小红。

苏诗曰：

少年鞍马勤远行，卧闻龁草风雨声，见此忽思短策横。
十年髀肉磨欲透，那更陪君作诗瘦，不如芋魁归饭豆。
门前欲嘶御史骢，诏恩三日休老翁，羡君怀中双橘红。

雅人雅集，心有雅兴。从这一天开始，作画配诗，就成了大家乐此不疲的文化活动。

众人为大画家李公麟作了多首题画诗，大多公议苏、黄二人轮番夺魁，可谓诗画交相辉映，相得益彰。

这次恩科考试，考出了一段文坛佳话。

七、万里黔中一漏天，屋居终日似乘船

西江月

断送一生惟有，破除万事无过。远山横黛蘸秋波，不饮旁人笑我。

花病等闲瘦弱，春愁无处遮拦。杯行到手莫留残，不道月斜人散。

———黄庭坚《西江月》

坐过电梯的人都会有这样的体会：上与下都是一种畅快。乘坐电梯如此，人生又何尝不是这样！

然而，人在生活中，特别是在仕途上，总是追求上，以上为荣，以上为乐；总是害怕下，因下而悲，因下而忧。一些人由于只想着上，未想着下，因此增添了无尽的烦恼。这种烦恼，在岗位上时不过是隐隐约约，模模糊糊，但到了退休离职时，就一下子迸发出来了。有的人因下而感到失落，感到苦闷；有的人甚至因下而手足无措，惶惶不可终日。

有上便有下，坐电梯如此，人生也是如此。人在高峰时总是暂时的，无论是谁，最终都要站立在平地上。人皆由平凡开始，最终又回到平凡。小人物是这样，大人物也是这样。这是人生的法则，也是人生的韵律。

在上与下的理解上，苏轼、黄庭坚可以说达到了"任我江海寄余生"的旷达境界。

宋元祐四年春，由于党争不息，苏轼被排挤离京再赴杭州任知州。在大宋政治、经济、文化中心的汴京，黄庭坚度过了三年多与苏轼朝夕相处的岁月。这段难忘的日子，无论仕宦生涯，还是诗词创作，都可算是黄庭坚人生的巅峰时期。

苏轼以绝世才学傲视天下，由于位高权重又太过锋芒毕露，眼里掺不得沙子，难免在朝中树敌过多，正所谓石立于岸，水必击之；木秀于林，风必摧之。因台谏攻击不断，苏轼接连上书以疾乞郡，也就是说，他主动要求外放去做地方官，因为，他担心自己会被淹没在言官们唾沫汇成的暗流之中。

随着主将的黯然离去，苏门中的大小官员们，陆续遭到贬谪，以苏、黄为核心的蜀党文学群体，受到了极大的冲击。

朝夕相处的良师益友去杭州之后，黄庭坚内心极为失落，但表面上他还得强打起精神，尽职尽责地干好史局馆的本职工作。

在朝廷，黄庭坚虽非位居政要之职，但他所担负的是为先帝编修《神宗实录》工作，其重要性可想而知。何况继陈师道、陈与义之后，又有潘大临、谢逸、洪刍、洪炎、徐俯、汪革等一批以江西籍为主的青年才俊聚集在他的身边，经常向他讨教作诗为文的方法。对于黄庭坚来说，于情于理，他都应义无反顾地接过苏轼传下的接力棒，担当起被人称为"江西诗派"领袖的重任，培养人才，为呈下滑之势的北宋文学复兴，极尽扛鼎之力。

一天，江西诗派的士子们齐集黄庭坚家喝酒，自苏轼离开京城之后，黄家成了他们的汇集之所。大家喝得开心时，见黄庭坚坐在一旁不饮，因此要黄庭坚赋词。黄庭坚也不推辞，当即挥毫，一阕《西江月》呈现在大家的面前：

　　断送一生惟有，破除万事无过。远山横黛蘸秋波，不饮旁人笑我。

　　花病等闲瘦弱，春愁无处遮拦。杯行到手莫留残，不道月斜人散。

　　词成之后，黄庭坚在词牌下面补上了一行小序："老夫既戒酒不饮，遇宴集，独醒其旁。坐客欲得小词，授笔为赋。"

　　"断送一生惟有，破除万事无过"，以议论破题，一扫传统词的绸缪婉转之度。这一句，浓缩了黄庭坚的人生体验，是他阅历过人世沧桑以后产生的深沉感慨，但它又以"歇后"的形式出之，颇有出奇制胜之妙与诙谐玩世之趣。在此，黄庭坚分别化用了韩愈的两句诗。韩愈《遣兴》云："断送一生惟有酒，寻思百计不如闲。莫忧世事兼身事，须著人间比梦间。"又《赠郑兵曹》云："当今贤俊皆周行，君何为乎亦遑遑？杯行到君莫停手，破除万事无过酒。"

　　"远山横黛蘸秋波"，此句接得突兀，细绎其意，乃是指酒席宴上，侑酒歌女的情态。尽管有宾客、歌女劝酒，但黄庭坚因戒酒而不饮，因而见笑于人。

　　"花病等闲瘦弱，春愁无处遮拦。"前句写群花凋零，好似一个病躯瘦弱之人，"等闲"意为"无端"，显然，词人写的是暮春花残之时。后句写的是春愁撩人，无处排遣，遮拦即排遣之意。所谓春愁，不光是指伤春意绪，而有着更深的意蕴，它是黄庭坚在宦海浮沉、人生坎坷的经历中所积淀下的牢骚抑郁、愁闷不平的感想。所以他接下来说："杯行到手莫残留。"还是开怀畅饮，一醉方休吧！这一句也是化用韩愈《赠郑兵曹》中的诗句，而"残留"则又化用庾信六言诗《舞媚娘》："少年唯有欢乐，饮酒那得留残。"

黄庭坚在诗词中常常咏及劝酒，如《喜太守毕朝散致政》云："功名富贵两蜗牛，险阻艰难一酒杯。百体观来身是幻，万夫争处首先回。"《题太和南塔寺壁》云："万事尽还酒杯里，百年俱在大槐中。"《和师厚郊居示里中诸君》云："身后功名空自重，眼前樽酒未宜轻。"这些诗句表现的，是黄庭坚游戏人生的态度。

末句"不道月斜人散"，说的是何不思月斜人散后，无复会饮之乐乎！

从这首词中，我们可以看到黄庭坚诙谐玩世的态度，感慨人生的无常。

元祐四年，对于有不祥之感的黄庭坚来说，厄运是从亲人挨二连三地去世开始。这一年的秋天，他的弟弟仲熊因病不幸去世。

元祐五年，他的舅父李常、岳父孙觉又相继去世。

眼看着亲人和友人接二连三地去世，阴阳两隔，黄庭坚的双鬓突然染上了诸多白发，身体也大不如以前了。对世人争相追逐的飞黄腾达，他早已心灰意冷；对陶渊明不为五斗米折腰，归隐桃源的逸举，他是心有欲而身不能，一大家子人的吃饭问题得靠他的俸银来解决。他在《与邢和叔书》中道出了自己的无奈：

至亲中失公择、莘老二德人，哀念不可忘。顷来意绪常愤愤，饥饱或不省识也。方今人物眇然，而朝廷屡失长者，可胜叹耶！今年来把事慵懒，惟思江湖深渺，可以藏拙养愚。

面对亲人们的重大变故，年近半百的黄庭坚在与友人的通信中多次感慨说，自己至此已过了大半辈子了，用家乡分宁的土话说就是黄土掩埋到了胸口。在这个年龄段，到了知人论世的时候，因此产生了过一天算一天的"慵懒"思想。

作为社会的一分子，谁都无法左右历史的走向。既然无法左右，又何必与历史较劲呢？由它去吧，"大江东去，浪淘尽，千古风流人物"，所谓名呀利呀，到头不过是虚空幻境，尘归尘，土归土。

元祐六年的春节前后，黄庭坚参与撰写的《神宗实录》终于大功告成，面对自己编写的著作定稿，黄庭坚有一种如释重负的快感。为嘉奖撰稿人员的功劳，朝廷按惯例下诏，给有资格在跋记中列名的编写者，每人官升一级。

按照这个诏书，黄庭坚本应由从五品著作佐郎升任正五品起居舍人。

吏部印发的拟提拔人员名单文件公布后，黄庭坚的名字被列在其中，史局的同人们要黄庭坚请客。依照惯例，史局拟定了升任黄庭坚的呈批公文，可是，提拔申请刚一出笼，就被中书舍人韩川驳回，理由是赵挺之评定的"行为不端，素无士行"，"不宜提拔"。幸亏黄庭坚遇事稳重，宠辱不惊，没有听从朋友要他当天请客致庆的要求，否则，就会闹出大笑话，让他无法收场。

政治生态再恶劣，也难免有敢于说真话的诤臣。时任宰执的吕大防认为韩川对黄庭坚不公，坚持再报请一次。迫于反对派的压力，最后太皇太后下懿旨定夺："恐再缴，不如只依例改官，乃诏黄庭坚著作佐郎。"这样，从五品的待遇落实了，正五品的待遇不了了之。

看到馆阁的同僚们都官升一级，没有功劳也有苦劳的黄庭坚，仍是原地不动，心里当然有些郁闷。他心情不爽的原因不在于升官与否，而是那些政敌抓住无伤大雅的小事大做文章，说三道四，没完没了。

明枪易躲，暗箭难防。冤家对头赵挺之从中作梗，黄庭坚早有心理准备。令他百思不得其解的是，自己最好的朋友苏轼之弟，时任尚书右丞的苏辙，竟然也在暗地里说他的坏话。据南宋学者朱胜非《闲居录》记载："又荐修起居注，而苏辙方秉政，以为庭坚无行，不可。"

当时，黄庭坚听说苏辙在背后捅他的刀子，说他"无行，不可"后，心情难受到了极点。他和苏辙是井水不犯河水，他不理解苏辙说这样的话，是出于什么动机。不看僧面看佛面，凭苏、黄的铁哥们关系，苏辙也不该落井下石啊！

饱经官场险恶和政治环境历练的黄庭坚，面对鸡鸣狗盗之辈，彻底心灰意冷了。他向朝廷上了一首《辞免转官状》：

> 优以先帝一朝大典，讫兹有成。宰司典领之功，近臣论撰之力。臣以曲学，滥与讨论，以老母卧疾，连年告归之日过半。常忧窃禄，不免罪诛。适及奏书，例沾爵赏。因人成事，义所未安。伏望圣慈，追寝误恩。所有诰命，未敢祗受。

他的辞呈未获批准。接着，他又上了一首《乞回授恩命状》，请求将升职的恩宠转授给自己七十二岁的老母，结果太皇太后做了个顺水人情。黄老夫人李氏由寿康县太君册封为安康郡太君，算是了却以孝行著称的黄庭坚的心愿。

河传

心情老懒，对歌对舞，犹是当时眼。巧笑靓妆，近我衰容华鬓。似扶着、卖卜算。

思量好个当年见。催酒催更，只怕归期短。饮散灯稀，背销落花深院。好杀人、天不管。

——黄庭坚《河传》

一个人的成功与否，可能与机遇有关，也可能与天分有关，或许可能与命运有关。就黄庭坚的天分和能力而言，他做一个二品、三品官员应绰绰有余，但是他的命运不好，在新、旧党争的旋涡中打转。在汴京的七个年头是他官宦生涯的顶峰。如果不是赵挺之等人以莫须有的罪名打压，他便顺理成章地当上了正五品的起居舍人。

起居舍人有点类似于今天的秘书工作，官衔虽不算太高，但工作性质几乎与至高无上的皇帝寸步不离，甚至比皇后、嫔妃还要亲近皇帝。其职责是将皇帝的一言一行、起床睡觉和吃喝拉撒全部记录在案。这项工作的重要性和受人尊重的程度可想而知。

即便没有升任起居舍人，他任著作佐郎的官职也可谓平生学有所用，干自己想干的事业。但自从苏轼离京之后，他倍感孤寂，头上的白发平添了许多。

这些年来，朝中无休止的党派、学派之争，在他心中投下了巨大的阴影。他希望朝中的大臣，都能以国事为重，消弭党争，但现实中的党同伐异不仅没有消停，反而呈愈演愈烈并有不断扩张之势。环境改变人性。在汴京的最后岁月里，他就像变了一个人似的，性格由之前的外向张扬，变成了现在的沉稳内敛，遇事谨小慎微。

在苏轼离开汴京之后，黄庭坚办完公事之余，他宁愿窝在家中陪老母亲拉拉家常，逗逗儿子小德玩耍，享受天伦之乐，也不愿再到歌馆酒楼，呼朋引类，抛头露面，以免被赵挺之等人罗织罪名，遭人陷害。

有的人往往把个人名利看得过重，由于看得过重，以致常常被名利折磨得喘不过气来。这种人的可悲之处在于，既不知名利为何物，也不知应当怎样去获得名利，更不知应当怎样去驾驭个人之名利。由于这诸多的"不知"，往往把名利颠倒过来看，因而总是看不清名利，也得不到名利，不但得不到，还每每走向反面：被名利所捉弄。

云卷云舒，花开花落。面对京城滚滚红尘中人们熙来攘往，追逐名利，奔走于权贵之门，黄先生是冷眼相看，无动于衷。他喝酒作诗，笑谈人生，醉看世态。《河传》一词，将他此时的心情，诠释得一目了然。

心情老懒，对歌对舞，犹是当时眼。巧笑靓妆，近我衰容华鬓。似扶着、卖卜算。

思量好个当年见。催酒催更，只怕归期短。饮散灯稀，背销落花深院。好杀人、天不管。

"催酒催更,只怕归期短。"这是"醉里乾坤大,壶中日月长"的心境。

"心情老懒,对歌对舞,犹是当时眼。"可见他心如止水的眼界;"巧笑靓妆,近我衰容华鬓。"可见他淡然处世的态度;"好杀人,天不管。"可见他逃避现实的思想。

在大宋政局即将要发生剧变的前夜,黄庭坚预感到继续在馆阁修史有可能陷入"文字狱"而不能自拔,觉得升不升官倒是无所谓,但高风险的史官绝不能再干了。在母亲因病逝世后,他向朝廷上了一份辞免状,声称自己"志气凋零,须发半白",身体和记性每况愈下,已不适合再做专业水平要求高的史官了,并希望朝廷允许他"管勾宫观,任便居住",说白了,就是申请领一份退休金,回分宁老家养老,过陶渊明"桃花源"般的隐逸生活。

有趣的是,陶渊明这样的角色,官不大,位不高,就因为辞官隐居,种田写诗,却换得了无数官场人的神往。在讲求建功立业的盛世里,隐士没有什么市场。但随着时间的变迁,总会诞生一批又一批仿陶隐士来,影响朝朝代代。黄庭坚所处的年代,已经是盛世之后的低潮期,他担任著作佐郎一职,也还算称职的,从政与赋闲两不误,但他不想卷入党争的旋涡。

第一个辞免状没有获得吏部批准,在与母亲丁忧期间,黄庭坚又上了《第二辞免状》,希望得到批准:

窃以论兹大典,托名圣朝。承学之臣,皆所愿得。如臣朴学,滥与选抡,虽殚智能,未报恩遇。昨以忧患失学,深惧瘝官,愿假岁年,就闲养疾,犹贪廪禄,仰望哀怜。天听崇高,未赐俞允。

卧家违命，罪不容诛。伏念臣实以哀毁之馀，生意几尽。先患目疾，几至丧明，忧患以来，全废文字。又得脚气，不便鞍马，往来田里，须杖自扶。未堪趋赴阙庭，靖共史职。伏望圣慈，察臣愚悃，非敢固自稽迟，以干典宪。特除臣句当宫观一任，或沿流一合人差遣。

为确保此状不至石沉大海，黄庭坚在扶母亲灵柩回乡之前，他不顾服丧的忌讳，带上太医开的疾病证明，破例去了一趟宰相府，恳求当朝宰执吕大防看在老部下的情分上，批准他提前退休回归故里。

俗话说，宰相家人七品官。黄庭坚进相府后，看门的家仆见黄庭坚两手空空，爱理不理地把黄庭坚让进了客厅，然后慢吞吞地去报告吕大防。

待吕大防在客厅主座上坐定后，黄庭坚赶忙上前施礼请安道："老相爷在上，请受下官一拜！"

吕大防打着官腔说："是黄鲁直黄大诗人呀，你在京为官六七年，从未到过我家，今天是哪阵风把你吹来了？"

黄庭坚见吕大防语中带刺，言外之意没有把他吕大防放在眼里。他不想作无谓的解释，于是直奔主题说："下官上呈的辞免报告，不知老相爷是否签批？今天特冒昧造访讨个口信，还望老相爷开恩。"说罢，将太医开的疾病证明双手递给吕大防。

吕大防接过疾病证明看了一眼，用批评的口气说："黄太史呀，不是本官说你，你正值盛年就称有病言退，亏你说得出口。你是读书之人，岂不闻曹子建'闲居非吾志，甘心赴国忧'的情怀？此事没得商量。再说，老夫待你不薄呀！赵挺之等人给你罗织罪名，要罢你的职，要不是老夫为你说话，你今天不知外放到哪个州县去任地方官了。好好干吧，老夫看你是个人才，日后自有出息。"

退休报告没有审批不说，还落得被吕大防教训一顿，黄庭坚心里觉得很不是滋味。从此，他放弃了称病辞免以全身避祸的念头，心想，反正是福不是祸，是祸躲不过，一切听天由命罢！

元祐八年九月，年迈的太皇太后高氏去世，年轻的宋哲宗赵煦开始亲政。

高太后垂帘听政时，赵煦皇帝是有职而无权，内心早已累积了太多的不满情绪。如今他亲主国政，在逆反心理的驱使下，刚一临朝，便对高太后制定的国政方针，进行重新梳理，甚至反其道而行之，以显示朕才是这个国家的主宰。

太皇太后伺候过三朝皇帝，见多识广，老于世故，她早就注意到少年天子的逆反心态。因此，元祐八年秋天，她病重垂危之际，便召集心腹大臣吕大防、范纯仁等人到卧榻前说："我死之后，皇帝是不会再重用你们的。你们应该有自知之明，早些主动退下，腾出位置让皇帝选用他人，免得遭受无妄之灾。"

果然不出高太后所料，她刚一死，在新、旧党争中翻云覆雨的杨畏，费尽心机揣度哲宗的意向，上书称颂神宗变法的功德，要求哲宗接过富国强兵的遗志，"成绍述之道"，当一代圣主明君。

在杨畏的煽动之下，哲宗利用考试进士策论的时机，将赞成"元祐变更"者列为下等，而将主张熙、丰之政者提为上等，实际上是借此向外界发出新一轮政党轮替的信号。

善观时变的中书郎李清臣、尚书左丞邓伯温，赶忙联名上书表态赞成"绍述"之说。三月，吕大防、苏辙（门下侍郎）相继罢相。四月，哲宗改年号为"绍圣"意即绍述先圣（神宗）之政。

随着新党干将章惇重新被起用，新一轮的政治清算接踵而来。曾经被高太后和元祐党人排挤出朝廷的变法派，又先后被召回京城了。

新党重新主政的政坛，人人自危，朝不保夕。正直的大臣们，基本都靠边站了。幸亏太祖赵匡胤英明，生前立了一块"誓碑"，律定嗣主要"以文治国"，不得杀士大夫及上书言事之人。否则，政权更迭，不知有多少人头要落地。

在一波又一波的清算浪潮中，淹没的不只是后来上了"元祐党人碑"的旧党人士，凡与旧党阵营有牵连的人都不能幸免。

中国文官系统的权力之争，在变法的问题上常常是交锋激烈，不择手段，牺牲了无数贤者的锦绣前程。步入"知天命"的黄庭坚不理解，他所视为神圣、一心为之的家国之事，在哲宗主政之后，就已变得不再重要了。

为了"除恶务尽，斩草除根"，已经修成的《神宗实录》也被摆在桌面上进行重审，查找问题。参与和涉及此书的史官纷纷遭到贬斥，黄庭坚作为主要撰修者之一，自然脱不了干系。

宋绍圣元年（1094年）四月，章惇就任宰相后，奉旨审查重修《神宗实录》，他责成蔡卞、曾布、林希同修。他们一致指责黄庭坚等人编修的《神宗实录》不实和谤史，必须推倒重来，重新修订。

继章、蔡、林等人的指责之后，御史中丞黄履、御史翟思、刘拯、左司谏张商英等人，分别上疏说《神宗实录》"诬蔑先帝，为臣不忠"。在百口难辩也不容辩的情况下，凡参与《神宗实录》的编修人员，都领到了一张降职处分的决定，黄庭坚自然也领到了一份。

一部《论语》，一部《诗经》，滋润着读书人的理想与希望。也许，在黄庭坚的内心世界里，理想与现实的冲突，如风似雨，挥之不去。现在，他浮于水面，如同一株浮萍，随波漂流，前途不可测，去路示渺茫。

绍圣元年春，五十岁的黄庭坚被贬授知宣州、鄂州，均未到任就职。由于《神宗实录》受到宰执和台谏的严厉指责，朝廷下诏对所有的编修人员，进行隔离审查。刚刚丁忧期满的黄庭坚，被责令到京郊不远的陈留接受组织审查。

当时，虽然没有完全限制黄庭坚的言行自由，但实际上罢免了他的官职，仅仅给他保留了一份养家糊口的俸禄。在这种险恶的处境下，黄庭坚已彻底绝意于官场，对未来不抱任何幻想。他与兄弟们相商，将家眷暂时安置在往来便利的江城芜湖，打算等到"问题"查清之后，再南下与家人在此安度晚年，过陶渊明式的世外桃源生活。

老天的不公平，常常发生在春风得意时，得意与失意，人生的落差，刹那间被放大了。

定风波

万里黔中一漏天，屋居终日似乘船。及至重阳天也霁，催醉，鬼门关外蜀江前。

莫笑老翁犹气岸，君看，几人黄菊上华颠。戏马台前追两谢，驰射，风情犹拍古人肩。

——黄庭坚《定风波》

世界上最广阔的不是海洋，也不是天空，而是人的胸怀。你的胸怀有多大，你心中的世界才有多大；你的心力有多强，"抗震"能力才会有多强。

在《神宗实录》的审查问题上，我们可以看清正反人物的胸怀。

在等待审查《神宗实录》的这段时间里，黄庭坚经常带着一名家仆，在池州和江州等地游山观景，访古探幽，好像他不是一个待罪之人，而是一个局外人，显得十分淡定。凑巧的是，七月的一天，他在江州湖口停船避风，在石钟山下碰到了师友苏东坡。他乡遇故知，这让苏、黄二人惊喜不已。

自京城一别，苏轼本想借外放做官，远离朝廷，能躲过一劫，不料屡遭贬谪，颠沛流离于边远之地。这年四月，苏轼贬黄州，六月改为惠州安置，携带幼子苏过南行。两位白发苍苍的老朋友，暮年相见不容易，索性同船同住三天。酒逢知己千杯少。二人在船上把酒问青天，共话离别三年多来的酸甜苦辣，风风雨雨。

由于行色匆匆，此次相见，二位大诗人都未留下诗词。这次见面后，二人再也没有走到一起，从此竟成永诀。

在京畿重地陈留，对黄庭坚等人的审讯，由新任门下蔡卞为主审，御史刘拯、贾易为副审。审问的方式是先斩后奏，即预先对《神宗实录》中的文字，逐字逐句定论，挖出了一千多个所谓"失真"的词条，然后，审讯官宣读后要被审讯者画押认罪。

经过几次过堂之后，蔡卞等人没有从黄庭坚身上得到想要的东西。上千个勘误词条，都是些捕风捉影的材料，主审官蔡卞在审问黄庭坚时，反而被黄庭坚驳斥得无以言对。

蔡卞是大奸臣蔡京之弟，曾以大宋特使的身份成功出使过辽国，显示了卓越的外交才能。因学养深厚，被王安石招为女婿。

尽管《神宗实录》属钦点的重案，面对上面的督办，蔡、刘、贾三位审讯官一合计，干脆把原来勘误的一千多个词条精减到三十二条，其中最致命的一句是，"用铁龙爪治河，有同儿戏"。蔡、刘、贾三人商定，以此为突破口，逼黄庭坚画押认罪。

"黄鲁直，以失实之言，毁谤先帝，你可知罪？"蔡卞严厉地问道。

"秉笔直书，向来为史官的本分，黄某不知何罪之有？"黄庭坚的回答，仍然是不卑不亢，淡定从容。

"看来你是不见棺材不掉泪！我有白纸黑字的铁证在此，你想抵赖不成。"贾易拍桌发火道。

"既然三位大人有证据，那么就请当堂出示，如果属实，黄某甘愿认罪。"黄庭坚仍然是从容应对。

这时，一杂役拿着一本《神宗实录》递给蔡卞，蔡卞接过书，翻到做了记号的页面，自己看过后，又递给身边的刘、贾二人看。三人低声嘀咕了几句，接着蔡卞讯问：

"黄鲁直，你在《实录》卷九中所书的铁龙爪有如儿戏，难道不是在诬损先帝推行水利新法吗？"

"回大人，黄某早年为太和县令时，曾对先帝新水利法择善而从，也取得了不错的成绩，这是人所共知的。后来我调任德州为知监，曾亲见当地水利施工将铁龙爪系在船尾，沉入河中，意在通过疏浚河道泥沙而加大排洪流量，进而减轻水患。由于铁龙爪的设计存在重大缺陷，用这种工具治河的确是劳而无功，劳民伤财，真如儿戏。此事据实直书，绝无诬损先帝之意。苍天在上，黄某岂能放言。"黄庭坚矢口否认强加的不实之词。

"好吧，既然你一再否认，我等只能据实奏报朝廷，由圣上裁决吧！"蔡卞自知理亏，只好宣布讯问暂告结束。

痛苦的争辩并不能改变既定的命运，冥冥之中似乎早已注定他"鬼门关外莫言远"的贬谪之路。

在陈留接受审查的过程中，黄庭坚始终不惊不惧，从容镇定，凡审讯官有问，皆直辞以对，闻者无不壮之，叹其非一般儒生文士。就连主审官、书法大家蔡卞在初审时，看到黄庭坚笔走龙蛇写出的自供状，也打心里佩服其书法艺术的精湛。蔡卞也算是一个爱才之人，因此他或多或少在暗地里关照了一下黄庭坚。

审查结果上报朝廷后，触怒了年轻气盛且薄情寡义的哲宗赵煦，他认为审讯官办事不力，大笔一挥，将所有审讯官尽皆贬谪处分。接着，他又下旨，将黄庭坚贬谪涪州别驾，黔州安置。

贬谪，在古代中国是一种相当独特的现象。从皇帝的视角看，这似乎是一种仁慈手段，所谓"不忍刑杀，流之远方"。但从士大夫的角度看，贬谪是一种沉重的打击；贬谪的地点多是瘴疫之乡、苦寒之地，许多人在那里饱受折磨，甚至一去不回。面对有志于国事的人来说，贬谪是一种精神的苦难，他们远离了京城，远离了国家权力中心，再也难以施展自己的抱负。

从少年神童到戴罪贬谪，这条越走越窄的人生道路，黄庭坚是万万没有想到的，这给了他无限的感慨。面对命运逆转和仕途坎坷，黄庭坚显得镇定自若，不以物喜，不以己悲。他觉得，与其留在京城处于政治的夹缝之中，还不如归隐山林，仰看云起云落。繁华落尽，归于平淡，进退之间，顺时顺势，俨然道家的仙人境界。

贬谪入蜀的诏命下达后，黄庭坚并没有消沉，而是坦然以对。

他的思想发生了转折性的变化，从热衷仕途到激流勇退。

绍圣二年（1095 年）正月，在兄长黄大临的陪同下，黄庭坚特意绕过都城汴京，直接从陈留踏上入蜀的贬谪之途。朝廷虽然给他保留了一个低微的涪州别驾的官身，实则是异地安置在黔州（今重庆市彭水县）思过反省，挂的是空头官衔，不需办公事，也无公事可办，有一定的行动自由，但俸禄停发，基本生活费还得自筹解决。

唐代大诗人李白在《蜀道难》中感叹说："蜀道难，难于上青天。"

今天交通发达，巴蜀两川，桂林山水，海南三亚，天涯海角，风光秀丽。旅游爱好者，成群结对，不远万里，朝发夕至，游历祖国大好河山。然而在北宋时期，这些风景区，却是贬谪官员们为之心惊胆战的不毛之地。

黄庭坚的贬谪蜀中之路，也是一条使人不寒而栗的崎岖畏途。兄长黄大临停官留职，先是陪他到陈留待罪，眼下又执意要陪同他长途跋涉，一路护送他去蜀中。黄家兄弟之间这种非同寻常的感情，可谓情深似海，感人至深。有这样一位兄长的相伴，落难的黄庭坚算是不幸中的万幸。兄弟俩从陈留向西南前行，先从陆路穿越今河南中部和湖北北部，抵达古城江陵，再乘船溯江而上，向贬所黔州进发。

在江陵，由于路费紧缺，兄弟俩又不想去打扰官府，情急之下，去寻找当地一位远亲。这位远房亲戚很讲情分，他盛情款待了落魄的兄弟俩，还资助了一些银两，并派遣了随侍仆人。

绍圣二年三月，兄弟俩到达峡州（今湖北宜昌），然后从著名的长江三峡溯江而上。沿途之中，他们真正见识了巫峡、瞿塘峡、西陵峡组成的三峡之雄奇壮丽，以及船工、纤夫逆流行船的艰难。沿途经过的四十八险滩、一百零八盘奇峰、神女峰的云雾、瞿塘峡的险峻，都令他们对大自然的造化之功，惊叹不已。

　　船经千回百转和蹚过三峡无数暗礁险滩之后，进入了水流相对平缓的江面。大自然的鬼斧神工，巧夺天工，大江激流的阵阵涛声，一泻千里，令黄庭坚诗兴大发，口吟《竹枝词》两首：

（一）

　　撑崖拄谷蝮蛇愁，入箐攀天猿掉头。

　　鬼门关外莫言远，五十三驿是皇州。

（二）

　　浮云一百八盘萦，落日四十八渡明。

　　鬼门关外莫言远，四海一家皆弟兄。

　　黄大临见其弟所吟《竹枝词》借景抒情，胸襟开阔，笑傲江湖，笑对人生，深受感染，亦不甘示弱，口吟《竹枝词》两首：

（一）

　　尺五攀天天惨颜，盐烟溪瘴锁诸蛮。

　　平生梦亦未尝处，闻有鸦飞不到山。

（二）

　　风黑马嘶驴瘦岭，日黄人度鬼门关。

　　黔南此去无多路，想在夕阳猿啸间。

兄弟二人各作诗二首，并在奉节上岸投宿时，入乡随俗，将所作之诗送与巴娘，令以《竹枝词》歌之。

一路听说蜀川妹子貌美善歌，等到目睹川中美女唱着兄弟二人的《竹枝词》翩翩起舞时，黄氏兄弟犹如在梦中聆听天籁之音。对于孔子当年闻"韶音"所叹的"余音绕梁，三日不绝"，算是有了真切感受。认为世间万物无奇不有，今日的确是耳听为虚，眼见为实。身处逆境中的黄氏兄弟，仍不忘苦中作乐，足见其随遇而安、乐天知命的胸怀。

四月二十三日，黄氏兄弟历尽千辛万苦，终于到了黄庭坚的贬谪之所黔州。

黔州的首脑机关在彭水，位于重庆东南部的武陵山区，巴江（今乌江）流经其境。由于人地两生，加上囊中羞涩，黄庭坚当时借住在开元寺的摩云阁中。

入蜀安顿之后，当地的一些士子们听说是大诗人、大书法家黄庭坚来了，非常高兴，他们尽地主之谊，在巴江边的酒楼上摆酒，为黄老诗人接风洗尘。黄庭坚也不推辞，愿意结交这些朋友。当他喝得有几分醉意时，口占《定风波》一首，道出了他在险恶的处境中，不向命运屈服的博大胸怀和乐观奋发的精神：

万里黔中一漏天，屋居终日似乘船。及至重阳天也霁，催醉，鬼门关外蜀江前。

莫笑老翁犹气岸，君看，几人黄菊上华颠。戏马台前追两谢，驰射，风情犹拍古人肩。

这首《定风波》的白话释读是：

黔中阴雨连绵，仿佛天漏，遍地都是水，终日被困家中，犹如待在一只破船上。久雨放晴，又逢重阳佳节，在蜀江之畔，畅饮狂欢。

不要取笑我，虽然年迈但气慨仍在。请看，老翁头上插菊花者有几人呢？吟诗填词，堪比戏马台南赋诗的两谢。骑马射箭，纵横驰骋，英雄直追古时风流人物。

陆游曾说过："文章本天成，妙手偶得之。"从黄庭坚笔墨间晕开的，是浑然天成的感情，不经修饰，自然流泻，真情可见。

被贬黔州，成了黄庭坚人生的重要转折点。这对于他来说，反而成了一件好事，他可以静心写作，写他想写的诗词文章，说他想说的不合时宜的话语。

减字木兰花

月中笑语，万里同依光景住。天水相围，相见无因梦见之。
诸儿娟秀，儒学传家渠自有。自作秋衣，渐老先寒人未知。

——黄庭坚《减字木兰花》

安顿好黄庭坚之后，黄大临准备顺江而下，返回芜湖家中报个平安，然后再北上京城等待改官的机会。手足之情深厚的黄大临，不忍弟弟一人孤寂愁苦，将行期一拖再拖，一直滞留到六月十二日，也就是同黄庭坚度过了五十一岁生日之后，才与二弟洒泪而别，踏上东下的船只。

后来，黄庭坚在《书萍乡县厅壁》中回忆起了这次惜别的情景："淹留数月不忍别，士大夫共慰勉之，乃肯行，掩泪握手，为万里无相见期之别。"

这年的冬天，黄庭坚闲居阁中，在接到黄大临报家中平安的书信及附寄的诗歌之后，遥望阁外雨雪纷飞，草木凋零，提笔写了一首《和答元明黔南赠别》：

> 万里相看忘逆旅，三声清泪落离觞。
> 朝云往日攀天梦，夜雨何时对榻凉。
> 急雪脊令相并影，惊风鸿雁不成行。
> 归舟天际常回首，从此频书慰断肠。

贬人的哀语，字字泣血，令闻者惨然。诗人追述了别离时的伤心情景，回想以前年少气盛，壮志凌云，但梦想被现实击得粉碎，如今兄弟离散，天各一方，将来重新聚首、对床夜话，还不知在何年何月，兄弟之间只能在期盼中以书信慰藉离愁。

《诗经》以下，诗人多慷慨悲歌。诗歌之美与诗人现实生活的幸福程度，有时是不成正比的。相反，许多好诗是因为思想的极度苦闷而提笔成文。黄庭坚，一个才华超群的进士，因身不由己卷入党争风浪，流放他乡，实在令人叹息。这首《和答元明黔南赠别》，谁看了都会为之伤感。

因离家千里之外，情况不明，黄庭坚初赴贬所时，没有带上家眷。

宋绍圣二年秋，按照兄长元明的嘱托，他的四弟黄知命携兄嫂石氏、侄儿黄相及家眷一行，搭乘友人苏坚的船从芜湖启程，到黔州与黄庭坚团聚。苏坚早年一直做苏轼的助理佐官，此人重友情、讲义气。黄庭坚于去年前往杭州拜会苏轼时，经苏轼介绍与苏坚相识，因苏、黄二人的师友关系，他把黄庭坚当成了好兄弟。

黄庭坚得知家人要搭乘好友的顺风船入蜀时，喜出望外。此时正好有黔州的船要顺水东下，他便搭上便船到宜昌迎候家小。

他乡遇亲人，悲喜交集。黄庭坚看到儿子黄相个头长得跟自己一样高了，十分高兴。如今，一家人在遥远的巴蜀黔州重新相聚，结束了"日夜思君不见君，共饮长江水"的离愁，全家人别提有多高兴了。

全家人聚在一起，当然乐在其中。但是黄庭坚已经没有了"皇粮"可用，全家人的吃饭问题就出来了。家人随身带的盘缠，经长途跋涉已所剩无几，过去是黄庭坚一人吃饱全家不饿，今天是全家十儿口人要吃要喝，开门就得柴米油盐，缺一不可。

穷则思变。黄庭坚与善于持家的妻子石氏商量，决定凑齐全家所有的银子，先是买来木料和沙石，自己动手盖起了一栋一堂四居室的简陋房舍；接着是买田种粮和开荒种菜，走自我脱贫之路。

天道酬勤。由于当年风调雨顺，加上石氏的精耕细作，黄家种的田地喜获丰收，粮食、蔬菜基本做到了自给自足。

对于这种半似发配半似农耕的生活，黄庭坚与家人只能是将就随就，随遇而安。远离了官场的明争暗斗，黄庭坚倒觉得也清闲自在，想说就说，想笑就笑，不用看人家的脸色。

农事之余，他开怀畅饮，看书下棋，写诗填词，养花种竹，与山月为伴，与禽鸟相乐，大有世外桃源的遗风。从皇城到民间，从入世到出世，黄庭坚从人生的巅峰跌落到失意的低谷。眼下，他改变的是身份，没有改变的是一身酒气，一身诗词气，喝酒比以前更多、更猛了，他怅然若失，急需酒精的麻醉。

看到家人有说有笑，荣辱与共，一天，他带着几分酒意，填了一首《减字木兰花》：

> 中秋无雨，醉送月衔西岭去。笑口须开，几度中秋见月来。
>
> 前年江外，儿女传杯兄弟会。此夜登楼，小谢清吟慰白头。

上片写眼前情景，下片写往年情景，词人的心态是多么平和、多么淡定，多么看重家人的团聚！一轮明月，两地相思，这个真应了张九龄《望月怀远》里的那句"海上升明月，天涯共此时"啊！

他虽然是一名贬官，但当地的父母官们对他都非常客气。绍圣三年（1096 年）中秋节这天，黔州太守曹谱（字伯达）在摩围阁中摆酒迎宾，请他喝酒赏月。此阁临江面山，山名摩围。

古今才子，大多才情兼备。席间，他睹月思情，想到苏东坡谪居黄州期间所作的那首《念奴娇·中秋》词中的"玉宇琼楼，乘鸾来去，人在清凉国"之句，一首《减字木兰花》脱口而出：

> 举头无语，家在月明生处住。拟上摩围，最上峰头试望之。
>
> 偏怜络秀，苦淡同甘谁更有。想见牵衣，月到愁边总不知。

"海上升明月，天涯共此时。"思乡之情，乡愁记忆，油然而生。

此时，他还写了一首《鼓笛慢·黔守曹伯达供备生日》：

> 早秋明月新圆，汉家戚里生飞将。青骢宝勒，绿沉金锁，曾

瞻天仗。种德江南，宣威西夏，合宫陪享。况当年定计，昭陵与子，勋劳在、诸公上。

千骑风流年少，暂淹留、莫辜清赏。平坡驻马，虚弦落雁，思临虏帐。遍舞摩围，递歌彭水，拂云惊浪。看朱颜绿鬓，封侯万里，写凌烟像。

黄老先生鼓励曹谱应以汉李广为楷模，"封侯万里，写凌烟像"。所谓"凌烟像"，系指唐太宗李世民，为纪念开国功臣长孙无忌等二十四人，命画家阎立本将其像画于凌烟阁之上，从此，画像于凌烟阁成为功勋卓著、名垂青史的象征。

被贬住黔州之后，自给自足的生活很快就习惯了，因为，这也是他多年以来想要得到的隐居生活。于是，他诩于黔中一老农，与世无争，尽量减少与外界人士的交往，目的是要像陶渊明那样全身而退。

他在《与王泸州书》中说："自以罪戾，不可复湔被，所过之人视之，唯恐为渠作祟，故虽平居亲爱，能忘其不肖者，亦不敢以书通，如长者之庭，则未尝一向往也。"

熟读史书，看透时局，黄庭坚此时已感悟到，当人年轻的时候聪明敏捷，但是思想单纯；当人步入老年的时候，成熟稳重，经验丰富，但是少了很多锐气。在人生的每一个阶段，人的优缺点总是共生的。无论是顺境还是逆境，能做到心态平和，才是至关重要的人生要诀。

生活中烦心的事很多，有些事你越想忘掉越不容易忘掉，在这种情况下，那就把它记住好了。生活像一杯放久了的水，虽然每天都会有灰尘落在里面，但只要它静静地待着，灰尘就会慢慢沉淀到杯子底下，杯中的水依然清澈透明。但如果你不停地振荡它，整杯水就会变得混浊起来。与此相类似，如果你能让烦心的事也慢慢地、静静地沉淀下来，用宽广的胸怀去容纳它们，你的心境也就会变得敞亮起来。

这是一种境界，一种超凡的境界。身处苦难的黄庭坚，已经达到了这种境界。

绍圣三年五月的一天，宠辱不惊、心如止水的黄庭坚，在书法中寻找人生的畅意，他创作了著名的草书长卷《廉颇蔺相如列卷》后，又一口气书写了李白的《秋浦歌》十五首，并在所有的跋语中，描述了自己此时轻松闲适的心情。

此时，黄庭坚基本改掉了当初在京城与苏轼和一般诗友们在一起诗歌唱和的兴致，表现在诗歌的创作相对减少，填词、作曲的兴致多了起来。

这一点，苏轼正好与他相反，苏轼壮年时以词为诗，佳作迭出，誉满文坛；暮年贬谪到岭南后，词不多作而诗兴不减。南宋时期，文人雅士都认为词属"诗余"，登不得大雅之堂。这可能是词在北宋时，并未引起皇上的重视而易于挣脱文字狱的口实。苏、黄之间的词曲个性，由此可见分明。

黄庭坚在黔州是诗少词多，总体上处于创作的低潮。其间，他总共创作诗歌十九首，词作反而有二十七首之多。除了上述避祸的原因之外，肯定与巴蜀歌女能歌善舞和蜀人喜欢喝茶聊天摆龙门阵有关。黔州虽称巴山蜀水凄凉地，但少数民族歌舞伎乐却比中原地区还要兴盛。黄庭坚是名扬天下的诗词大家，他到达黔州后不久，就有不少歌班业主慕名求其填词、作曲，以求名人效应而带动生意的兴盛。黄庭坚为了广结人缘和贴补家用，他有意识地结合巴蜀词重小调和乐，以及长短错落、反复咏唱的特点，应邀写了多首小令组曲。

绍圣四年（1097年）重阳节那天，黄庭坚在黔州一气呵成创作了二首《点绛唇》。他在词前的小序中是这样说的："重九日寄怀嗣直弟，时再游涪陵，用东坡余杭九日《点绛唇》旧韵二首。"

第一首词，抒发了词人远离故土的思乡之情：

浊酒黄花，画檐十日无秋燕。梦中相见，起作南柯观。
镜里朱颜，又减年时半。江山远，登高人健，应问西来雁。

第二首词，抒发有上首词的离愁之情外，更感叹人生分合常伴的无奈：

几日无书，举头欲问西来燕。世情梦幻，复作如斯观。
自叹人生，分合常相伴。戎虽远，念中相见，不托鱼和雁。

对黄庭坚的这两首词略作分析，我们可以看出，黄老先生的词风与在京城相比，有了明显的变化。也可以说，他一改其香艳清丽的词风与歌伎美女的卿卿我我，而主要抒写的是他人生的际遇和不屈的志向。遣词措意，明显汲取了巴蜀词调的养分，尤其是向苏轼开创的"以诗入词，以文为曲"之豪放词转变的痕迹。

黄庭坚虽然是以"负罪"之身谪居黔州，但当地官员对他却并不以"罪臣"相待，有的还对他特别关照。由于他卓越的才华和声名远播的诗书大家，因此吸引了远近文人雅士前来黔州请益、求教，希望得到高人的指点。

八、喜欢为地醉为乡，饮客不来但自酌

南乡子

落帽晚风回，又报黄花一番开。扶杖老人心未老，堪吹，谩有才情付与谁。

芳意正徘徊，传与西风且慢吹。明日馀尊还共倒，重来，未必秋香一夜衰。

——黄庭坚《南乡子》

人气旺，是一个人在生活和工作中左右逢源的关键。

黄庭坚到达黔州时的知州曹谱、通判张耖，都是东京洛阳人。二人崇诗尚文，仗义好贤，因仰慕黄庭坚的道德文章，因而对他多有关照；后来接任曹谱为知州的高羽，以及当地的一些官吏对他也是相待甚厚。还有泸州知州王献可，不仅仗义疏财，经常在生活上接济黄庭坚一家，还与黄庭坚书信往来不断，仅收在《山谷刀笔》之中的书信，就有三十六封之多。

乐于助人的黄庭坚，为了贡献所学，在黔州收徒讲学，提携后生，他多次向知州王献可推荐当地一些学有成就的青年才俊。这些文化水平较高的俊彦被录用到王献可的幕府后，个个都很干练称职。

在黔州众多追随黄庭坚的青年才俊中，他最赏识的是眉州人

杨皓（字明叔）。此人当时在黔中为一县尉，其父与黄庭坚的叔父黄廉有同年之契。黄庭坚十分赞赏杨皓的人品和才华，说"杨明叔不病陋巷而乐其义，不卑小官而尽其心，强学不已，未易量也"。最值得一提的是，在黄、杨亦师亦友的交往中，黄庭坚曾将唐代魏征的《砥柱铭》书写抄赠一幅给杨皓，期待杨皓像中流砥柱一样，自立于世，持节守操，不为世俗所移。

正是黄庭坚手书的这幅《砥柱铭》书法作品，后来辗转流落民间和国外近千年，到2010年6月3日，在北京保利春季拍卖中，拍出了4.368亿元人民币的天价，由此创下了中国艺术品拍卖市场的最高价格纪录。

远离他乡，谪居蜀地，黄庭坚仍不忘扶危济困。

一天晚上，黄庭坚从江边散步回家，见一挑夫病倒在路边，他赶忙把病人扶到附近一座寺庙中救醒。病者醒来之后连声道谢。黄庭坚从对方的道谢声中，听出他是家乡分宁的口音，问道："你是何方人氏？"病者答道："洪州分宁人。""哦，我们是老乡！你为何流落到此？"病者答道："我是挑夫，去年受雇于南雄州两客商，千里挑重担入黔，不幸中途病倒。两位客商担心我成累赘，竟立马解雇我而去。我当时身无分文，无钱治病，只能抱病乞讨为生，今日病重因此倒在路边，多谢老乡救命之恩！"

古道热肠的黄庭坚，将这位老乡扶回到自己家中，然后写信给杨皓，请其帮忙解决挑夫的药费和回家路费的问题。

杨皓以县尉的身份找到了下榻在驿站的两位客商，责成两人对挑夫作出应有的经济补偿。

读书做学问的人，到了一定的程度，都是心系家国或者沉醉于思考之中。黄庭坚虽然以削职之身戴罪黔州，但他丝毫没有自暴自弃、闭门读书、与世隔绝、两耳不闻窗外事，而是仍然关注世事，特别是关心底层民众的冷暖疾苦，显示出一身正气和仁爱情怀。

笑对人生的人，即便他遇到再大的挫折，他也会一笑置之。在贬谪之地广结人缘，生活费用基本做到自给自足；又能与夫人石氏、儿子黄相朝夕相处，以及弟弟叔向一家的陪伴，黄老先生不仅渐渐适应了黔州的生活环境，而且还有了"一蓑烟雨任平生"，"诗酒趁年华"的超然境界。

俗话说，人生不如意事，常有十之八九。就在黄庭坚过着几近桃花源般的生活时，不如意的事情悄然向他走来。

宋元符元年（1098 年）春天，黄庭坚的外弟张向任提举夔州路之常平，正好是黄庭坚所在的黔州属下夔州路的治下。按照北宋官制内亲当回避的条文，嫌官不大还想往上爬的张向，主动向朝廷上书回避黄庭坚，此举正中那个有性格缺陷的当政者赵挺之等人的下怀。于是，黄庭坚由黔州安置改为戎州（今四川宜宾）安置。

见过鬼的人，不怕走夜路。

面对人生又一次颠簸，黄庭坚是"乱云飞度仍从容"。在他的人生词典里找不出"屈服"一词。这一年的三月底，他变卖了黔州的房屋和田地，携全家老小溯江西行前往戎州。一路船行险滩暗礁，黄庭坚是历尽艰险仍痴心不改，老年壮志不言愁，沿途仍不免留连山水，访亲问友，吟诗赋词，自寻其乐，直到六月上旬才抵达戎州。

这一年的重阳节，他作《南乡子》词以示知命弟曰：

落帽晚风回，又报黄花一番开。扶杖老人心未老，堪吹，谩有才情付与谁。

芳意正徘徊，传与西风且慢吹。明日馀尊还共倒，重来，未必秋香一夜衰。

"扶杖老人心未老"，你看，词人面对再次流放，仍然保持着一颗年轻的心！

"明日馀尊还共倒"，明天只要和朋友在一起喝酒，我仍然会一醉方休！

到达戎州后，先是寄居在城南的一个寺庙里，不久，便在附近租了一处民房安顿了家人，并取命运任贬无所谓之意称其居所为"任运堂"。后来，在友人的帮助下，筹资翻建了一栋倒塌的旧房子，起名为"槁木庵"。

从这两处住宅名称来看，黄庭坚以随缘任运，泰然处之的态度来对待人生的逆境，将生死荣辱置之度外，且自谓饱经人世风霜，心如枯木死灰，不复为世俗的变迁所动。

他的《任运堂铭》，其坦然心态，令人叹服：

或见僦居之小堂名任运，恐好事者或以藉口，余曰：腾腾和尚歌曰："今日任运腾腾，明日腾腾任运。"堂盖取诸此。余以身如槁木，心如死灰，但不除鬓发，一无能老比丘，尚不可邪？

同谪居黔州时一样，戎州的地方官对黄庭坚也是十分关照。时任戎州知州的彭道微，曾亲自到"槁木庵"探望黄老先生，不仅嘘寒问暖，而且经常派人照看和资助他一家人的生活。

州吏李珍受彭知州之托，常到黄家帮助打理家务，他一来二去便与黄庭坚成了无话不谈的好朋友。黄庭坚在《写〈蔡明远帖〉

与李珍跋尾》中说:"戎州旧吏李珍,小心而办事,家有水竹亭馆,亦能婆娑风月,不甚出圭角于群吏间。余之窜戎州,使君彭道微,故人也,又与之有连,每遣珍来调护余逆旅之事,无不可人意。"由此跋语可知,彭道微并非蜀人,黄庭坚与他还有点沾亲带故的关系。

名利是人品的试金石。黄庭坚的外弟张向与彭道微的人品,一个是落井下石,一个是悉心照顾,这令黄庭坚感到了患难见真情的古训。

出于对黄庭坚才学的崇拜,戎州境内的一些文人学士,纷纷登门请黄庭坚赐教。宋人黄子耕在《豫章先生传》中记录了当时的盛况:"与后生讲学,孜孜不怠,两川人士,争从之游,经公指授,下笔皆有可观。"身处逆境中的黄庭坚,仍是文人秉性不改,因此,他虽为"罪臣",却生活得很风光。也因此,他的《谒金门·戏赠知命》一词,足见其心胸的豁达:

山又水,行尽吴头楚尾。兄弟灯前家万里,相看如梦寐。
君似成蹊桃李,入我草堂松桂。莫厌岁寒无气味,余生今已矣。

谪居戎州后,黄庭坚由于心境豁达,相比在黔州而言,已逐渐从被动交友的心态,走向了主动交友的心态,结交了一大批蜀中文化人士和朋友,生活也因此增添了更多的情趣。

从黄庭坚到戎州后的诗词以及与友人的书信中可以推断,他接触的蜀中知名人士明显增多,游历的地方明显增多。

据《黄庭坚全集》中诗文书信往来情况看,黄庭坚在戎州期间,与他过从甚密的官员、僧道、诗友和从学的青年学子共有五十多人。其中最为亲近的有王蕃（时为阆州节度推官），黄斌老（时任戎州属官）及其弟黄子舟，王庠（苏轼侄婿），石谅（时为泸州江安令，后其女嫁给黄相），范廖（成都人），杨素翁（眉州人），简州景德寺觉范道人，荣州祖元大师，眉山居士吴元祥等人。

黄庭坚与上述蜀中友人之间，有时书信往来，有时诗文唱和，有时寄情山水，不仅给戎州留下了丰厚的文化遗产，而且由于大都因怀才不遇的相似命运，他们相互之间结下了真挚的友情。

黄庭坚在蜀中广交游，结友情，使他在残酷的党争的波澜中始终保持良好的心态。蜀中官吏的友好相待，蜀中人士的尊师向学，以及与寺庙高僧的谈佛论道，使黄庭坚压抑的心情得到了极大的宽慰。

今天有一首歌词唱出了当年黄庭坚在蜀中的生活：千里难寻是朋友，朋友多了路好走……

友情，是化解郁闷最好的良药。

水调歌头

瑶草一何碧，春入武陵溪。溪上桃花无数，枝上有黄鹂。我欲穿花寻路，直入白云深处，浩气展虹霓。只恐花深里，红露湿人衣。

坐玉石，倚玉枕，拂金徽。谪仙何处，无人伴我白螺杯。我为灵芝仙草，不为朱唇丹脸，长啸亦何为。醉舞下山去，明月逐人归。

——黄庭坚《水调歌头》

中国文学史上，文学流派之称的有隐逸派、江西派、公安派、桐城派，直至现代的山药蛋派等，这些文学流派的形成，无一不是因为富有创新的诗文的少数作家的带动和影响。文无常式，诗无定法。文学艺术如果墨守陈规，我们的诗歌创作风格仍然停留在《诗经》时代，就不可能有楚辞、乐府、唐诗、宋词、元曲等诗歌高峰；我们的散文创作风格仍然停留在《论语》时代，就不可能有汉赋、唐宋古文、明清小说、性灵散文等文学高峰。

黄庭坚就个人命运而言，他同苏轼一样，是不幸的；就诗词歌赋而言，对中国文化是有幸的。因为，由于他二人的诗词才华，他二人在宋代文化的高度，所贬之处，不仅为当地留下了名垂千古的诗文，而且为当地无数文人学士文化水平的提高，充当了有力的推手。

两川之地，古时因"蜀道难"的交通问题而相当封闭。蜀中的黔州、戎州地域，在巴蜀中属于相对落后的地方，因为有了黄庭坚的到来，文化活动显得生机勃勃。一时间，原来冷落、贫瘠的黔州、戎州之地，因为大批士子的从游问学而变得热闹起来，求学尚文蔚然成风，以至于一些市井之人也纷纷投在黄庭坚门下学习诗词创作。

不仅如此，黄庭坚的文学盛名，也推动了黔州、戎州地区文人之间的诗酒雅会。如戎州太守刘广之就借迎候黄庭坚到来之机，在城郊锁江亭举行荔枝宴饮诗词集会。

刘太守张罗的宴会，又有黄庭坚参加，当然是名流云集，吟诗赋词，觥筹交错。

宴会之上，喝得醉意朦胧的士子们诗兴大发，挥毫作诗。

值此诗酒盛会，黄庭坚当然不可能无吟咏。酒后写诗，更为惬意。黄庭坚眼前，浮现出庄子的身影，屈原、陶潜和阮籍的身影，以及蜀中才子司马相如和陈子昂的身影……那些哲人圣贤，锦绣文章，他早已烂熟于心，加上眼前的景象，他被酒气熏着，蒸腾着，睁开朦胧醉眼，叫一声，拿纸来，拿笔来！他饱蘸笔墨，一首书法飘逸、写景抒情的《诉衷情》，随着笔尖的流动，顷刻而成：

一波才动万波随，蓑笠一钩丝。金鳞正深处，千尺也须垂。吞又吐，信还疑，上钩迟。水寒江静，满目青山，载月明归。

词成，众人为之击节叫好。

宴会之后，刘广之将众人在宴席上吟咏的诗词结集刊印了。

从黄庭坚在戎州的诗词创作可以看出，无论是官吏生日还是各种喜庆节日，都会有人牵头举行诗酒集会，文人之间也借此相互诗文唱和。因此，文人诗酒唱和逐步形成了浓郁的文化氛围，活跃了戎州的文学创作，刺激了当地的向学之风。

黄庭坚学诗向来推崇杜甫。贬谪入蜀之后，他遍访杜甫的诗歌文化遗存，并计划把杜甫流寓巴蜀时所创作的诗歌全部书写、刻石传世，让后人瞻顾。他在《刻杜子美巴蜀诗序》中道出了自己的初心：

自余谪居黔州，欲属一奇士而有力者，尽刻杜子美东西川及夔州诗，使大雅之音，久湮没而复盈三巴之耳。而目前所见，录录不能办事，以故未尝发于口。丹棱杨素翁拿扁舟，蹴捷为，略陵云，下郁鄩，访余于戎州，闻之欣然，请攻坚石，募善工，约

以丹棱之麦三食新而毕，作堂以宇之。予因名其堂曰大雅，而悉
书遗之。此西州之盛事，亦使来世知素翁真磊落人也。

　　杜甫号称"诗圣"，黄庭坚书法被称北宋"四大家"，两
者相结合的诗书石刻，无疑是造福后世的精品文化工程。为做
到精益求精，黄庭坚想找一位财力雄厚的"奇士"主持此事，
但一直未能如愿。直到蜀中富豪且重视文化工程的杨素翁的慕
名而来，黄庭坚才觉得自己的愿望已成为可能，于是"悉书遗之"，
将此事委托杨素翁全权主持进行。

　　杨素翁说干就干，仗义疏财。经过数十名石刻艺人和泥瓦工
匠夜以继日的施工，不到一年的时间便大功告成。竣工之日，黄
庭坚将存放杜诗石刻的堂宇命名为"大雅堂"。可惜，这个即使
放在今天也算是一个宏伟的文化工程，在近千年的风雨剥蚀中已
踪迹难寻。

　　黄庭坚在戎州从元符元年六月开始，一直逗留到了元符三年
十二月，随着年龄的增长和逆境的磨砺，他的诗歌、词曲和书法
创作，都达到了平生的最高境界。此时他诗词散文的数量虽不如
以往，但作品质量多属于上乘之作。

　　元符三年（1100 年）七月至十一月，他先到眉州青神探望张
氏姑母，顺道专门到眉山拜谒"三苏"故居，并专门祭拜了苏轼
之父苏洵的陵墓。

　　在戎州谪居两年半的日子里，他以一种坦然旷达的心态面对
人生，在自然、亲情、友谊、艺术中寄托生命。他已经成为了宁
折不弯、洁身自好的刚强老人。他的《次韵黄斌老所画横竹》诗
写道：

酒浇胸次不能平，吐出苍竹岁峥嵘。

卧龙偃蹇雷不惊，公与此君俱忘形。

晴窗影落石泓处，松煤浅染饱霜兔。

中安三石使屈蟠，亦恐形全便飞去。

此诗虽属一首给友人的题画诗，但黄庭坚的思维显然跳出了画外，可谓是眼前有画，而心中无画，离方循圆，穷形尽相，托物引类，借以自喻，是黄老先生众多的题画诗中的精品之作。

黄庭坚在戎州的词作，因生活环境的改变，同样也发生了风格上的变化，正所谓艺术因阅历而成风格。

我一直认为，唐诗之所以有力量，而宋诗的潜能明显不足，这是因为，唐人写诗，大多是站在大漠上写诗，站在大山上写诗，站在大河边写诗，眼前有景，心中有情，所以，唐诗神完气足，潜能无限；而宋人写诗，大多是坐在书斋里写诗，蹲在厕所里写诗，眼前无景，心中煸情，所以，宋诗用思深远，风格平淡。苏、黄二人的诗词，之所以翘楚两宋，肩比李杜，是因为他二人贬谪坎坷经历而游历于大山大河与底层民众之间的缘故。用今天的话说是，作家只有植根于现实生活中，才能写出有深度、接地气的好作品。

贬谪生活，是最艰难的日子。左岸沉沦，右岸豁达，黄庭坚毫不犹豫地选择了后者。挫而不颓，挫而不废，挫而愈坚，挫而愈勇。他照样写他的诗词，照样看他的山水。

他在戎州期间填的词，再无以往艳词的缠绵，而更多地转向抒发人生的际遇，向世人展示他身处逆境而坚守正道的情怀。他在戎州创作的《水调歌头》一词，就是这种情怀：

> 瑶草一何碧，春入武陵溪。溪上桃花无数，枝上有黄鹂。我欲穿花寻路，直入白云深处，浩气展虹霓。只恐花深里，红露湿人衣。
>
> 坐玉石，倚玉枕，拂金徽。谪仙何处，无人伴我白螺杯。我为灵芝仙草，不为朱唇丹脸，长啸亦何为。醉舞下山去，明月逐人归。

这首词的上片以陶渊明自况，下片则引李白为伍。

胡云翼先生说："这首词反映了作者孤芳自赏、不肯媚世求荣的性格及其出世和入世矛盾的世界观。"谁说不是呢？千古未有之奇境，正在不奇之中。

开头一句，词人采用比兴手法，赞瑶草（仙草）像碧玉一样可爱。然后从第二句开始，用倒叙手法，逐层描写神仙世界的美丽景象。

"春入武陵溪"以下，描写进入幻想的神仙世界的第一境界。在这里，作者巧妙地使用了陶渊明《桃花源记》的典故。

《桃花源记》说："晋太元中，武陵人捕鱼为业，缘溪行，忘路之远近，忽逢桃花林。夹岸数百步，中无杂树，芳草鲜美，落英缤纷，渔人甚异之。复前行，欲穷其林。林尽水源，便得一山……"陶渊明描写这种子虚乌有的理想国度，表现了他对现实社会的不满。黄庭坚用这个典故，联系他的经历来看，其用意不言而喻。

"我欲穿花寻路"三句，是词人进入幻想国度的第二个境界。

这是幻想镜头，词人想象穿越桃花源的花丛，一直走向飘动白云的山顶，一吐胸中浩然之气，化成虹霓。在这里，词人又表现出对现实的不满，幻想能找到一个可以自由施展才能的理想境界。

"只恐花深里，红露湿人衣"两句，词人用比喻和象征手法，曲折地表现他对纷乱人世的厌倦但又不甘心离去的矛盾。

"坐玉石，倚玉枕，拂金徽（弹瑶琴）"表现他志行高洁、与众不同。

"谪仙何处，无人伴我白螺杯"两句，表面上是说李白不在了，无人陪他喝酒，言外之意是说他缺乏知音，感到异常寂寞。他不以今人为知音，而以古人为知音，这正是词人对现实的不满和苦闷。

"我为灵芝仙草"这句，表白他到此探索的真意。"仙草"即"瑶草"，"朱唇丹脸"指第三句"溪上桃花"。

苏东坡咏黄州定惠院海棠诗曰："朱唇得酒晕生脸，翠袖卷纱红映肉。"花容美艳，大抵略同，故这里也可用以说桃花。

仙境毕竟只是幻想而已，酒醉醒来还得面对现实。"醉舞下山去，明月逐人归。"词人酒醉后摇摇晃晃、东倒西歪，天上的明月追随他回家。

四川自古是中国名酒佳酿的主要产地，戎州的五粮液享誉神州。在戎州期间，黄庭坚常与一些文士寄情于名山胜水，纵情诗文画意，遍尝戎州各类名酒，共创作了十七首有关酒的诗词，其中最为后世推崇的是《荔枝绿颂》。

有一次，戎州名流廖致平，邀请黄庭坚到家中品尝"荔枝绿"名酒。他们仿效王羲之在《兰亭集序》中记述的"曲水流觞"的雅趣，将酒杯置于随溪而下的小竹筏上，酒杯流到谁的面前就由谁即兴赋诗一首。当轮到黄庭坚时，他起身举杯一饮而尽，并称好酒。他当即赋诗《荔枝绿颂》：

> 王墙东之美酒，得妙用于六物。
> 三危露以为味，荔枝绿以为色。
> 哀白头而投裔，每倾家以继酌。
> 忘螭魅之蹜触，见醉乡之城郭。
> 扬大夫之拓落，陶徵君之寂寞。
> 惜此士之殊时，常生尘于尊勺。

当地人为纪念黄庭坚这次饮酒赋诗，特地在小溪边建"流杯池"和山谷祠堂，供后人寄怀。

鹧鸪天

寒雁初来秋影寒，霜林风过叶声干。龙山落帽千年事，我对西风犹整冠。

兰委佩，菊堪餐，人情时事半悲欢。但将酩酊酬佳节，更把茱萸仔细看。

——黄庭坚《鹧鸪天》

古往今来，绝大多数诗人喜欢饮酒，因为诗人的介入，中国的酒文化丰富多彩。从曹植到陶渊明，从李白到苏东坡，而酒量最大，写酒诗最多的非李白莫属。"天子呼来不上船，自称臣是酒中仙。"说的是李白因为贪恋美酒，竟然拒绝唐玄宗的召见，这件事李白被后人视为桀骜不驯、蔑视权贵的典范。

"烹羊宰牛且为乐，会须一饮三百杯。"这是李白在名作《将进酒》中的诗句，反映了李白开怀畅饮的豪迈气概。

此外，他的《山中与幽人对酌》《襄阳歌》《笑歌行》等，为我们留下了一位诗酒人生的形象。

青年时代的杜甫不理解李白，对李白酒后狂傲自负的性格曾经进行过这样的规劝：

"痛饮狂歌空度日，飞扬跋扈为谁雄？"

很明显，他对李白酒后的某些行为，是看不惯的。可是杜甫到了晚年，对李白的性情有了心领神会。他在自己的另一首诗中，说出了对李白的这种体会："昔年有狂客，号尔谪仙人……剧谈怜野逸，嗜酒见天真。"

杜甫对李白的一生还做了这样的概括：

世人皆欲杀，吾意独怜才。

敏捷诗千首，飘零酒一杯。

这是杜甫听到李白在流放夜郎途中获释的消息后的有感而作，李白一生不得志与毕生爱酒的形象跃然纸上。

黄庭坚遭到贬谪后，对于饮酒的喜好直追"酒仙"李白。他每天一顿酒是必不可少的，而且特别喜欢蜀中的地产酒。

他酒风豪爽，酒量超群，与人斗酒很少有居下风的情况，因此，戎州的士子们都称他为"酒仙"和品酒高手。他专门为当地另一款名酒"姚子雪曲"作过一首《安乐泉颂》，并在序文中说："锁江安乐泉为僰道第一泉，君玉取之以酿酒，饮之令人安乐，故予兼二义名曰安乐泉，并为作颂。"其颂曰：

> 姚子雪麹，杯色争玉。得汤郁郁，白云生谷。
> 清而不薄，厚而不浊。甘而不哕，辛而不螫。
> 老夫手风，须此晨药。眼花作颂，颠倒淡墨。

黄庭坚高度赞美的姚子雪曲酒，就是今天驰名神州的"五粮液"的前身。在今天的五粮液酒城安乐泉景区，最引人注目的，就是黄庭坚的青石座身雕像，人们以这种方式，表达对这位最早的五粮液名酒鉴赏家、品尝家的怀念。

因为在戎州豪饮的缘故，元符二年（1099 年），黄庭坚用《鹧鸪天》词牌并原韵，共填了四首酒词。

《鹧鸪天·重九日集句》词曰：

> 寒雁初来秋影寒，霜林风过叶声干。
> 龙山落帽千年事，我对西风犹整冠。
> 兰委佩，菊堪餐，人情时事半悲欢。
> 但将酩酊酬佳节，更把茱萸仔细看。

《鹧鸪天·座中有眉山隐客史应之和前韵，即席答之》曰：

> 黄菊枝头生晓寒，人生莫放酒杯干。
> 风前横笛斜吹雨，醉里簪花倒着冠。

身健在，且加餐，舞裙歌板尽情欢。

黄花白发相牵挽，付与时人冷眼看。

《鹧鸪天·明日独酌自嘲呈史应之》曰：

万事令人心骨寒，故人坟上土新干。

漤坊酒肆狂居士，李下何妨也整冠。

金作鼎，玉为餐，老来亦失少时欢。

茱萸菊蕊年年事，十日还将九日看。

第四首《鹧鸪天》酒词是：

紫菊黄花风露寒，平沙戏马雨新干。

且看欲尽花经眼，休说弹冠与挂冠。

甘酒病，废朝餐，何人得似醉中欢。

十年一觉扬州梦，为报时人洗眼看。

以上四首词，虽然人事不同、环境不同、心绪不同，但借酒浇愁的情怀和嘲讽世态的辛味是相同的。

以大实话入词，褪了华美的外衣，袒露原来的真相，没有遮遮掩掩，更能一针见血，发人深思。将文学审美与世相百态结合，黄庭坚笔下的词曲便鲜活起来，像一根刺，轻轻一扎，脓包里的坏水便流了出来。

黄庭坚在戎州寓居不足三年，是他艺术人生的重要转折时期。他的诗词、他的书法，已经达到了平生的顶峰。

投桃报李。戎州地方官吏和民众对他关照有加，而他回报戎州的是一批不可估量的文化财富，在戎州的文化史上，打上了黄庭坚的文化标签。他给戎州留下了十余处至今尚存的遗迹，五十五首写景状物的诗，十七首抒情达意的词，十三篇文采绚丽的文章，六篇赞酒寄兴的赋颂，二百余封随笔应酬的信札，八十八件有迹可寻的书法。特别是一些名闻中外的书法精品，今天已属国家一级文物，如《苦笋赋》《诸上座帖》《苏轼寒食帖跋》《牛口庄题卷》《刘禹锡竹枝词卷》《题庵居士寒子山诗》《题张大同卷》《花气熏人帖》等。

囊中无金银，可以排遣精神寂寞的，唯有书籍。黄庭坚在蜀中坚持阅读，坚持写作，也享受着蜀中的无边风月，这是上苍给予他的馈赠。可以想见，深谙儒释道三教的黄庭坚，僵卧山中，与死神做过无数次的斗争。也许最令他惬意的，是忍苦难折磨，奋笔疾书，落下张张盈满墨香的文字作品。

元符三年（1110年）秋季，在位十五年，亲政仅为六年的宋哲宗赵煦，因为贪恋后宫佳丽而纵欲过度，年仅二十四岁便一命呜呼了。哲宗一生临幸皇妃、宫女无数，却没有留下儿子，结果让其弟端王赵佶捡了个"元宝"而登大位，是为徽宗。继位之初，由神宗皇后向氏共同处理军政国事，即年轻的徽宗临朝，向太后垂帘听政。

向老太婆作为神宗皇后，由于年长夫君赵顼三岁，加上相貌平平，因此备受冷落。现在她可以垂帘听政了，压抑得太久的心理使得她火焰迸发，把满肚子的怨气都泼在新党身上，言论抑或用人，公然倾向旧党一派。

初登大位的徽宗皇帝摩拳擦掌，改国号为"建中靖国"，意在标榜不偏不倚的所谓"大公至正"之道，以平定旷日持久的党争，达到天下大治。

徽宗赵佶继位之初，由于根基还不稳固，不得不夹着尾巴做人，对向太后言听计从。在这一时代背景下，一度由新党把持的朝政又悄然换血。

章惇因曾反对赵佶继位，被罢去左仆射的相位，蔡卞也被罢去尚书左丞；旧党的韩忠彦被起用为宰相。于是，元祐旧臣又被陆续起用和回朝任职，文彦博、司马光等已故大臣三十三人被平反。

朝廷政治风向的再次转变，被打入旧党名册的黄庭坚，当然会时来运转。元符三年五月，朝廷颁旨授其为宣德郎，监鄂州在城盐税，并还所夺之勋赐；十月，复奉义郎，签书定国军节度制官；十一月，诏知舒州。好消息接二连三地传来，黄庭坚当然是感到欣慰，并开始做离蜀东返的打算了。

然而，年逾半百、久经官场浸润的黄庭坚，虽然对赵佶即位之初的祥和气象充满了期待，也写过"群心爱戴葵倾日，万事驱除叶陨霜。玉烛时和君会否？旧臣重叠起南荒"的颂诗，讴歌新朝新气象。但他对个人的命运转机和官职起伏早已看得很淡，认为垂暮之年不死于贬所，而且恢复了名誉和俸禄，无疑是不幸中的万幸。此外，夫复何求？所以，他对朝廷的授官之命一再推辞，只想先乘船东下芜湖，与兄弟们团聚后再赴官。

元符三年十二月，黄庭坚变卖处理完戎州的家什，正准备启船东下时，突然接到四弟知命已于七月在湖北荆州去世的消息。心情刚刚有些好转的黄庭坚，内心十分沉痛，回想起与四弟的手足之情，他不禁老泪纵横。为调节心情，他在戎州又逗留了一些时日。最后，全家总算是在岁尾年头乘船东归。

至此，黄庭坚贬谪蜀中已是第七个年头。他虽是罢官戴罪之人，却以高尚的人格和绝世才学赢得了蜀中人士的钦佩和爱戴，与许多文人士子结下了深厚的友谊。

在离别戎州之时，人们自发地前来送行，这让黄庭坚十分感动。他在《答王观复书》中记录了当时的情景："宾客妄谓不肖有东归之期，日日到门，疲于应接。"

真正到了临行之日，前来送别的亲朋好友挤满了码头。直到顺风东下的船渐行渐远，依依不舍的友人和黄庭坚在蜀中的弟子们，仍在江边不停地挥手致意，因为他们心里都很清楚，此一去或将成永别，双方再见之期可能已不在人世间了。

帆船顺风而下，粗学了几句巴蜀纤夫号子的黄相，站在船头纵声喊了几嗓子，引来山涧一串长长的回声，满船的人全都出舱观看景致。

黄庭坚的船抵达荆州后，在此停留到何时，下一步何去何从，举棋不定，他只得沿江汉流域走动，开始了新一段的流寓生活。

黄庭坚在荆南结识了青年诗人高荷。

高荷，字子勉，湖北江陵人。他将自己的诗作送给黄庭坚指教，其中有句云："蜀天何处尽，巴月几回弯。"黄庭坚击节叹赏，在给李云仪的信中说："比得荆州一诗人高荷，极有笔力，使之凌厉中州，恐不减晁、张。"他在《赠高子勉四首》评价其诗曰：

> 文章瑞世惊人，学行刲心润身。
> 沅江求九肋鳖，荆州见一角麟。

黄庭坚评价高荷的诗未免有些过高，他认为高荷可与晁补之、张文潜比肩，又上承陶渊明、杜子美的传统，甚至将他视为自己的衣钵传人。但从后来的发展情况来看，高荷虽名列江西诗派，但在南渡之际并未成为诗坛的中坚。由此可见，情人眼里出西施，此语不虚。

木兰花令

少年得意从军乐，晚岁天教闲处着。功名富贵久寒灰，翰墨文章新讳却。

是非不用分今昨，云月孤高公也莫。喜欢为地醉为乡，饮客不来但自酌。

——黄庭坚《木兰花令》

如果说，写"问君能有几多愁？恰似一江春水向东流"的作者李煜是天才的词家，弱智的皇帝，那么，宋徽宗赵佶与之相比，不过是半斤八两。

宋词的繁荣，究其原因，不仅有自上而下的兴趣爱好，以词为风雅的社会风气，更为重要的一点，得益于宋词是一种开放的、大众化的文体，帝王将相，秀才淑女，平民百姓，均可参与其中，甚至是参禅道的宗教人士，也都可以欣然加入。

赵佶是一位艺术天资极高的风流皇帝，他的绘画、他的书法、他的诗词，堪称一代大家。特别值得大书一笔的是，他的书法"瘦金体"在中国书法史上堪称一绝，为后世书法家们所推崇。

赵佶在继位之初，曾扬言要励精图治、富国强兵，也曾冒了一阵令人心动的热气，如今死水一潭，又归于平静了。

对于漫无目标、漂泊未定的黄庭坚来说，现在朝廷政策尚未明朗，他感到前程是一片茫然。

建中靖国元年（1101年）四月，黄庭坚从荆州到达江陵（荆南），不幸背部患了痈疽，疼痛难忍，彻夜难眠。经请当地一位名医治疗，才摆脱了疾病的纠缠。不过，病后的黄庭坚身体十分虚弱，只好流寓荆南疗养。在此期间，他创作了《病起荆江亭即事十首》，其中第七首专为怀念恩师苏轼而作：

文章韩杜无遗恨，草诏陆贽倾诸公。
玉堂端要直学士，须得儋州秃鬓翁。

自当年在彭蠡匆匆一别，苏轼随即南下流转岭南之英州、惠州、儋州，黄庭坚也辗转于蜀中黔州、戎州、鄂州。二人天各一方，书信来往不断，至今已有好几年没有见面了，得知苏轼遇朝廷大赦回到京城，黄庭坚十分高兴。他哪里想到，其诗作成不久，还未来得及像以往一样寄给苏轼指教，这位北宋天空最耀眼的文星，于当年七月二十八日，在常州驾鹤西去了。

失去了平生最好的良师益友，黄老先生遥望常州，悲痛不已，老泪纵横。

为了寄托心中的哀思，他请荆南的一位画师画了一幅苏轼的半身像，悬挂在卧室之中，从此奉之终身。每天早晨，他总要在东坡遗像前的香炉里，敬上三炷香，以示对恩师的崇敬。

苏轼去世之后，黄庭坚用诗词来表达对挚友的哀悼和怀念。

仅崇宁元年（1102 年）一年，此类诗文就有十多篇。崇宁元年初夏，他在给友人的信中说："去年失秦少游，又失东坡公，今年又失陈履常，余意文星已宵坠矣！"在《次苏子瞻和李太白浔阳紫极宫感秋诗韵追怀太白子瞻》诗中，寄予了深深的缅怀之情：

> 不见两谪仙，长怀倚修竹。
>
> 行绕紫极宫，明珠得盈掬。
>
> 平生人欲杀，耿介受命独。
>
> 往者如可作，抱被求同宿。
>
> 砥柱阅颓波，不疑更何卜。
>
> 但观草木秋，叶落根自复。
>
> 我病二十年，大斗久不覆。
>
> 固之酌苏李，蟹肥社醅熟。

这一年的五月，黄庭坚在赴任太平途中，在江州湖口，正逢李正臣持苏轼去年四月所作次韵《壶中九华诗》来见。黄老先生睹物思人，感慨万千。苏东坡所喜欢的"异石九峰"已被人取走，"石既不可复见，东坡亦下世矣！感叹不足，因次前韵"。诗中有"能回赵璧人安在？已入南柯梦不通"之句，笔重情深，催人泪下。

六月中旬，黄庭坚在太平看到苏轼所画墨竹，见画怀人，遂作《书东坡画郭功父壁上墨竹》诗：

> 郭家氍屏见生竹，惜哉不见人如玉。
>
> 凌厉中原草木春，岁晚一棋终玉局。
>
> 巨鳌首戴蓬莱山，今在琼房风几间。

自出蜀川以来，黄老先生忧虑朝政不稳，变化无常，他两度辞谢了朝廷的任命，沿大江上下往来奔波，辗转流寓江汉流域。虽不乏友人的资助，但生活状况极不稳定，常有漂泊江湖、寄人篱下之感。

不出黄庭坚所料，到了崇宁元年初，朝廷果然又发生了较大的变化。右相曾布首进"绍述"之说，为亲政预热的赵佶皇帝所接受，遂决定变更法度，改年号为"崇宁"，意为崇尚神宁、熙宁变法精神。

本来适合搞艺术的赵佶，玩政治是个外行，但他有时爱突发奇想，干出一些不切合实际的事来，搞得朝政鸡飞狗跳。他本不是当帝王的料，却阴差阳错地被推上了历史的前台，本就是赶鸭子上架，又岂能指望他在政治上有所建树呢？

五月，蔡京入朝为尚书左丞，赵挺之为尚书右丞。老奸巨猾的蔡京能入朝为相，主要得益于宦官童贯的栽培，进而打通了赵佶爱好收藏奇花异石、古董字画的门径，从此平步青云。

蔡京利用赵佶的宠信，以私怨将宰相曾布打入冷宫，使这位真正首创新法者，反坐诬旧党之罪，其相位也很快由蔡京取而代之。从此，蔡京与童贯、王黼、梁师成、李彦、朱勔结成死党，在朝中广植党羽，狼狈为奸，把"书画皇帝"宋徽宗玩弄于股掌之上。

在江河日下的北宋末年，盛宋气息已一去不返。诸帝才庸，宋哲宗、宋徽宗、宋钦宗，其治国才能一代不如一代。金国依仗兵强马壮，屡犯边境，韩世忠、岳飞等抗金名将，有能力抗敌但未逢明君；奸臣当权，党争不断，汴京的上空早已黑云密布，一系列的内忧外患如蚁穴溃堤，帝国之舟内渗外漏。人世有代谢，往事成古今，鲜花着锦的汴京，已无法抗拒历史的轮回。

崇宁元年之初，喜好干政的向太后去世，徽宗赵佶不再受任何制约，朝廷政局再次发生剧变。以蔡京为首的政客集团，打着继承神宗皇帝变法大业的旗号，准备将反对变法的旧党一网打尽。

当时，蔡京清查出向太后听政时上书言事的有 582 名官员，按赞成新法与否为正、邪六等，蔡京党羽 41 人列为正等，都升官重用了；与蔡京政见不同的 541 人列为邪等，分为贬逐或降官、或免职。不久，又将元祐、元符年间恢复旧法的文彦博、司马光等 120 人列为元祐奸党、元符奸党，由赵佶御笔书写奸党名单，刻石于端礼门外，昭之于世。

崇宁二年，在蔡京等人的极力挑拨下，赵佶下诏将三苏和黄庭坚、张耒、秦观、晁补之苏门四学士，以及范祖禹、范镇和刘攽等旧党人士的诗集著作，毫不客气地列为禁书，在全国范围内收缴并销毁。

面对白色恐怖，黄庭坚仍然是泰然处之，他的这首《木兰花令》，抒发了此时的情感：

> 少年得意从军乐，晚岁天教闲处着。
> 功名富贵久寒灰，翰墨文章新讳却。
> 是非不用分今昨，云月孤高公也莫。
> 喜欢为地醉为乡，饮客不来但自酌。

"功名富贵久寒灰"，在他的心中，功名富贵早已心灰意冷，任你们这些跳梁小丑折腾去吧！

"翰墨文章新讳却"，文章都不让他写，著作遭到销毁，他也不在乎。

"喜欢为地醉为乡，饮客不来但自酌。"身居禄位之场，心游道德之乡。官场上的勾心斗角，他早已厌倦，每天喝一杯小酒吧，即便没有人来陪我，我也会喝得有几分醉意才肯罢休。

李白好酒，世人皆知。在他现存的千首诗中，约有 1/6 的诗歌都提到了酒。"将进酒，杯莫停"，这是李白式的饮酒口号。李白不仅善饮，而且将酒与诗糅合在了一体。"长剑一杯酒，男儿方寸心"，"壶浆候君来，聚舞共讴吟"。黄庭坚好酒，一点也不比李白差，撇开诗不说，他的 180 多首词，就有 1/3 提到了酒。《木兰花令》中这句"饮客不来但自酌"，无疑是李白诗酒人生的承继。

蔡京利用赵佶的昏庸无能，大张旗鼓地搞顺我者昌，逆我者亡。他的主要矛头是所谓旧党的保守派，同时，与他有过节的章惇、曾布、陆佃、张商英、李清臣等新党激进人士，也未能幸免。最终经过层层筛选，总共确定奸党人士 309 人。并仍由赵佶用瘦金体书法书写，刻石立于文德殿东面墙壁。

擅长打压政敌、创意百出的蔡京，他亲笔书写大碑拓片颁行天下，并立石于诸州县监司长史之厅，这便是宋代臭名昭著的"元祐党人碑"。

朝政动荡，政治黑暗。流寓江汉的黄庭坚，虽名列元祐党人碑，但他因官职卑微，又远离是非之地，当政者暂时还没盯上他。因此，也就没有人来找他的麻烦。于是，他在崇宁元年正月下旬，从江陵东下回了一趟老家，算是最后一次回到久别的故乡分宁探亲。

他先从水路至巴陵，本想稍作休整后便出发。不巧的是，由

于数日阴雨连绵，只好在旅馆里待了十几天，望眼欲穿地盼望着
天气转晴，以便尽快赶回久违的故乡。

到了二月中旬，天空刚刚放晴，不料又下起了小雨。

羁留无事，黄庭坚想上岳阳楼，欣赏范仲淹的《岳阳楼记》
中极力渲染的湖光山色。

岳州太守杨器之、监郡黄彦，听说大名鼎鼎的诗人黄庭坚准
备登岳阳楼，特地放下手中的工作，赶来陪黄老先生冒雨游览岳
阳楼。

站在岳阳楼上，杨器之对黄庭坚说："黄太史，当年范仲淹
登岳阳楼抒发了先天下之忧而忧，后天下之乐而乐的赤子情怀，
你今日登楼，不知有何感慨？"

黄庭坚说："报国还须有门，身为朝廷之臣，我当然想竭尽
所能，但我的命运不好，空有一腔赤诚啊！"

黄庭坚登高望远，归思难收，吟出了《雨中登岳阳楼望君山
二首》：

其一

投荒万死鬓毛斑，生出瞿塘滟滪关。
未到江南先一笑，岳阳楼上对君山。

其二

满川风雨独凭栏，绾结湘城十二鬟。
可惜不当湖面水，银山堆里看青山。

风光虽然秀美，然而此时的黄太史，却是一个贬官的身份，

远离京城，而他此时的心情，也许不如诗中所写的那么悠闲。之所以如此描述眼前独特的风光，或许还有另外的一层意思，他想到了屈原。屈原当年被逐，遇到一个渔翁，渔翁问他何以如此憔悴，他说，举世皆浊我独清，众人皆醉我独醒，因此被放逐。渔翁劝其不必自命清高，应懂得放弃，自寻幽境。这样的对话，竟是不了了之，最后屈原纵身一跃，投入汨罗江中。黄庭坚的内心深处，估计是借助于这两首诗，重温屈原的心境罢了。他面临着两条道路，一是像屈原那样，不与世合，沉入江中；一条是像渔翁的建议那样，随遇而安，乐知天命。

游过风景名胜岳阳楼后，黄庭坚离开巴陵，再取陆路经平江到达通城，越幕阜山入分宁之境。

久别的游子，重回故乡怀抱，黄老先生感慨不已。他在拜谒黄龙山惟清禅师后赋诗一首说：

> 山行十日雨沾衣，幕阜峰前对落晖。
> 野水自添田水满，晴鸠却唤雨鸠归。
> 灵源大士人天眼，双塔老师诸佛机。
> 白发苍颜重到此，问君还是昔人非。

黄庭坚早年曾在黄龙山寺游观、学道，参悟佛性禅趣。此时，他历经半生磨难，其夙愿或本性，就其实际情形来看，实在是半昔半今、非昔非今、亦昔亦今。此中固然有岁月不居，世事变迁的沧桑之感，同时也有追求理想，坚持人格的坚贞不渝之情。

九、万里沧江月，清波说向谁

木兰花令

凌歊台上青青麦，姑孰堂前馀翰墨。暂分一印管江山，稍为诸公分皂白。

江山依旧云空碧，昨日主人今日客。谁分宾主强惺惺，问取矶头新妇石。

——黄庭坚《木兰花令》

幸运并非没有恐惧与烦恼，厄运并非没有快乐与愿望。

黄庭坚此次在家乡停留期间，他一改过去尽量少出门的秉性，利用在老家停留的有限时间，到处探亲访友，在厄运中寻求快乐，拜访家乡的贤达和朋友，几乎天天奔走于分宁那些既熟悉又有些陌生的乡间路上。

在他的人生中，兄长黄大临是他在低谷时最得力的帮手。因此，他在料理好家中大小事务之后，准备启程前往萍乡去探望兄长黄大临。

此时，黄大临正在萍乡担任县令。黄大临同黄庭坚一样，履职以仁慈为怀，治政尽职尽责，在萍乡县深得民众信赖。

分宁与萍乡的路程，说近也不近，说远也不远。为了节省路程时间，黄庭坚特地选择从陆路抄近道去萍乡。

在途经江南西路万载县时，黄庭坚应邀下榻万载知名的广慧道场。在与一班念诵经文的和尚打趣后，他即兴作了一首题为《冲雨向万载道中得逍遥观托宿遂戏题》的幽默诗：

> 逍遥近道边，憩息慰惫懑。
> 晴晖时晦明，谑语谐谑论。
> 草莱荒蒙茏，室屋壅尘垒。
> 仆僮偪侧佀，泾渭清浊混。

作者谓此诗为戏题，有旅途自娱自乐的意思。诗意虽然不深，但足见黄老先生的文字功力。

全诗每一句选用的字是相同的部首偏旁，以求文字上的巧妙配合。此诗与黄老先生在荆南所作的八首全以药名为诗句的诗作一样，没有多少实际意义，无非是玩文字游戏，但它却反映了年近花甲之年的黄庭坚，历尽人生的各种磨难之后，仍不改豁达乐观的本性。

这是一种境界，一种笑傲官场的达观境界。

兄弟俩自巴蜀黔州揖别之后，今天在萍乡县衙重逢，别提有多么高兴和激动。

那天晚上，兄弟二人追叙离别，遥念家乡，伤感于山河依旧，人事已非，昔日亲友大半谢世，黄氏兄弟夜不能寐，索性彻夜长谈，纵酒一醉。

后来，黄庭坚在《书萍乡县厅壁》一文中，深切感叹道：

蛮中九年，白头来归，而相见于此，访旧抚新，悲喜兼怀，其情有不胜言者矣。

黄庭坚在萍乡住了半个月，便辞别兄长黄大临，就近到南康去拜会诗僧惠洪。这是黄老先生第二次拜会惠洪大师。

黄、惠二人说禅论佛，颇为投机。黄庭坚反思前尘，自谓误在未明心地，看不透人世浮沉、功名利禄，执着于人生的苦闷，令自己身心俱疲；他自诩开悟，不执着于外物，不为世间诸事牵绊，游戏人间，视酒肉一事无足轻重。

二人分别作参禅诗，互相唱和，感悟禅的智慧。

黄庭坚以居士身份，作偈语曰：

> 似僧有发，似俗无尘。
> 作梦中梦，见身外身。

惠洪听完黄居士的偈语后，叹其"直取心源，见性成佛"，作偈语赞曰：

> 无念为宗，识心见性，知性见佛。

黄庭坚在南康住了两天后，辞别离去。惠洪大师非常敬佩黄庭坚的才学，执意要送他入湘往江州，以便路上切磋佛学。黄庭坚只好恭敬不如从命。

到达江州时，黄庭坚突然得到朝廷任命他为太平州（今安徽当涂）知州的消息。由于在鄂渚等地流转难以作持久计，他于六月领受太平州事，六月九日到任。不料，六月十七日，朝廷发来文书，罢免了他的太平知州职务，上演了一出在北宋官场仅见的任职九天的啼笑皆非的悲喜剧。

南宋状元出身的张孝祥在《高侍郎夫人王氏墓志铭》中记录了黄庭坚任太平知州背后的故事，黄庭坚当时并不知晓。王氏墓志铭记载："山谷来为守，谪久贫甚，既入境矣，复坐党事免。侍郎得堂帖，不以告，迎候如礼。山谷既视印已，乃知之。侍郎为治归装甚饬备，过于久所事。"

以上铭文中提到的高侍郎是"山谷九日知州"的现场目击者，他当时是太平州判官，黄老先生未到任前由他暂摄州事，即临时代理空缺的代知州。由于对黄庭坚人品和文品的仰慕，高判官在先已获悉黄庭坚被罢免的消息后，不忍心立即将罢官的公文交给他看，以免给最短暂的顶头上司泼一盆冷水。此后，高判官还为罢官的黄庭坚精心打点行装，备足路费，可见高判官为人的仗义和厚道。

黄庭坚被罢官之后，在高判官的提议下，州官衙门摆酒设宴为"九日知州"送行。为答谢众人的美意，黄庭坚即席赋《木兰花令》一首，以表任职"九天知州"的感触：

> 凌歊台上青青麦，姑孰堂前馀翰墨。
> 暂分一印管江山，稍为诸公分皂白。
> 江山依旧云空碧，昨日主人今日客。
> 谁分宾主强惺惺，问取矶头新妇石。

黄庭坚在这首词的小序中说："当涂解印后一日，郡中置酒，呈郭功甫。"

郭功甫何许人也？他是当涂的名士，其诗豪放俊迈，人称"太白后身"，山谷到当涂时，他已弃官归隐，两人诗词唱和，引为同调。

此词用现代汉语可以这样释读：

城北的凌台早已在历史的长河中荡然无存，如今废墟上种的麦儿青翠欲滴，一派生机盎然；当涂县城外那栋有名的姑孰堂也早已在历史的烟云中消亡，如今只见堂下面的那条清清水在青青的石板上唱着歌儿流淌，以及那些吟咏姑孰堂的诗文仍在人世间传诵。

哦，我接受朝廷的任命到太平州来任知州，不过是暂时替朝廷处理一下州中的事务，同诸位同人一起帮助百姓解决一些实际问题而已。

谁都知道，世事、时事的风云是变化无常，难以预料的，它不像蓝天上的白云，让人看得很透彻。人世的变化就如我到太平州来做客的经历一样，昨天我还是这里的主人，可是今天我却成了诸位的客人了。

在座的各位朋友，我们都一起开怀畅饮吧，在官场上不用分什么宾主位置，因为这是一个很难分清的问题。如果你们非要把这个亦真亦幻的问题分个清楚明白，那就去江边问望夫山吧，只有它能说清人世的沧桑，人间的荣辱。

面对为他饯行的官吏，黄老先生在超然旷达之中发泄了牢骚不平，最后归结为物我齐一，表现了他力图在老庄哲学中寻求解脱的心态。

黄庭坚上任九天便被罢免之事，还得由他写的一篇文章说起。

湖北江陵有一寺庙名承天寺，黄庭坚在江陵流寓时，承天寺住持僧智珠营造一座七级宝塔，约请刚出蜀而旧地重游的黄老先生，履行诺言，为新落成的塔作记，黄庭坚是个守信的人，他当即挥笔写下了《承天院塔记》一文。

黄庭坚在文章一开头就追溯了作记的缘起。原来，绍圣二年黄庭坚谪黔时途经江陵，借住在承天寺中歇息。当时智珠欲拆除破败不堪的旧塔，并准备在原址上建一座新塔，相约请黄庭坚为之作记。黄庭坚当时笑着说："作记不难，顾成功为难耳。"意思是说，为承天院塔作记并不难，难在这座塔不知何时可以建成。

七年多之后，黄庭坚再来江陵，新建的七级浮屠已然耸立在寺后。住持智珠见黄庭坚旧地重游，不无得意地对他说："其难者既成功矣，其不难者敢乞之。"意思是说，你认为难以建成的塔已经成功了，现在请你将不难的塔记写出来给我们吧！

黄庭坚当天就将塔记写成，智珠立即请工匠们刻石立碑于塔下。

江陵知府马某当日在承天寺宴请同僚，食客们酒饱饭足之后，乘兴绕塔而行，驻足观摩黄庭坚所书之碑文。碑文落款为"作记者：朝奉郎新任知州事豫章黄庭坚，立石者承义郎知府事茌平马而已。"

不料，寻常可见的一段碑文落款，却引起了在此赴宴的官员们议论纷纷。

"黄太史高才，文章妙绝天下，不想能在此见其文笔真迹。可否授引一见？"通判李植对住持智珠说。

"黄施主正在本寺，老纳正欲引各位大人一见。"智珠回答说。

于是，智珠将众人引到黄庭坚的下榻处。

宾主一阵寒暄之后，李植问道："黄太史为哪一科进士？"

黄庭坚答道："治平四年恩科。"

李植道："哦，哦，原来是年兄驾到，失敬，失敬！"

"黄太史文章，风靡海内。某等愿在碑上记名不朽，可乎？"与黄庭坚素不相识的转运判官陈举，要求黄庭坚在石刻题记上补上自己的名字。

"陈大人，刻石既已成，不便添补了。"黄庭坚婉拒了陈举的无礼要求，他本来就看不起沽名钓誉之徒。

黄庭坚的一颗心，其实是善良的。只是他不懂得作秀，不懂得阿谀。但少数存有恶炒心理的人不这么想，你有才吧，不让我沾光，我就揭你的短，造你的谣，让你身败名裂，让你坐立不安。

黄老先生不同意把陈大人的名署在他的后面，看似一件小事，心胸狭窄的陈举，却认为黄庭坚不给面子，一直想着要伺机报复。他与同来的提举官林虞闲聊时，得知黄庭坚在德州时与赵挺之有过节，赵此时官居宰执高位。于是，一封有关黄庭坚《承天院塔记》"幸灾谤国"的举报信，很快到了赵挺之的案头。

谗毁一词，确实具有极大的杀伤力。赵挺之也一直想找黄庭坚的碴儿，当他接到陈举的举报信时，终于又找到了"修理"黄庭坚的理由。于是，他指使言官指控黄庭坚谤毁朝政，拟定把黄庭坚除名羁管广西路之宜州，即削除名籍，罢免所任官职，交由宜州（今广西宜山）知州监督。赵挺之仅凭一篇普通的文章，断章取义，公报私仇，其意是想置黄庭坚于死地而后快。

这就是黄老先生为什么只任"九天知州"的祸根所在。

黄庭坚置身于党争跌宕之世，他既有入世之心，又有被谤之忧，始终在息心和逞志的心灵深处挣扎，在出世和入世之间徘徊。

黄庭坚的仕途人生，大多与此相随相伴。

南歌子

万里沧江月，清波说向谁。顶门须更下金椎，只恐风惊草动，又生疑。

金雁斜妆颊，青螺浅画眉。庖丁有底下刀迟，直要人牛无际，是休时。

——黄庭坚《南歌子》

心胸狭窄的人，你一旦得罪了他，他就会记恨你一辈子，他会在你倒在地上的时候，使劲再踩上你一脚。赵挺之就是这种类型的人。现在，他借陈举的举报信大做文章，落井下石，把黄庭坚逼上了绝路。

朝廷贬谪黄庭坚去宜州的公文还没有下达，无官一身轻的黄老先生离开了太平州，举家十几口人，自长江返棹回到江州，居住在"湖阴堂"，等待朝廷贬谪的公文。在江州待了不久，决定到鄂州去拜会老友张耒，此时，张耒被贬居在黄州。

崇宁元年（1102年）八月二十五日，黄庭坚离开湖阴堂，乘舟溯江而上，于九月甲申（甲申为十二日）到达鄂州武昌（今湖北鄂州市），并寓居于此，居住的地点是租赁的武昌县城南一个士人聚居的街巷。为了节约房租，他租的是一栋破旧民房。并将破旧民房稍作修整，没有花太多的钱，便将全家安顿了下来。

黄老先生为什么选择在武昌寓居，用他的话说是此地去双井不过七天路程。

当然，武昌的西山、葛山、南湖、花马湖、梁子湖，武昌城中的南楼，长江边上的怡亭铭石刻等众多的名胜古迹，也是他寓居武昌的重要原因。他在《虞美人》一词中表露心迹说："平生本爱江湖住，鸥鹭无人处。"他在致友人欧阳元老信中屡言："逍遥山水间"，"未能忘西山"，"萧散于寒溪西山之上"等等。

此时，苏东坡已病逝于常州。朝廷新、旧党争余波未息，师弟张耒因"闻苏轼讣，为举哀行服"而受牵连，再遭贬斥，第二次贬官黄州。黄庭坚闻讯之后，便行舟寓居武昌，一则游览鄂州西山，凭吊苏轼遗踪九曲亭、寒溪堂等，二则是武昌与黄州隔江相望，在此可经常与张耒会面，畅叙离别之情，唱和诗词雅韵。

当时，西山松风阁刚好建成，正等待有声望的大诗人黄庭坚为之命名。因为当时黄老先生的诗名，已经声震鄂渚，远播荆襄。

清代武昌县令熊登在《重修松风阁记》中说："当年（指崇宁元年）依山筑阁落成之日，待鲁直而名，故其诗曰'我来名之意适然'。"

黄老先生是当时的大诗人、大书法家，一生政治上颇不得志，又不愿与赵挺之等无聊官员同流合污，因此他常以"阅世卧云壑"的老松自嘲，对松树怀有一种特殊的偏爱。此次他以逐官的身份游西山，对西山幽谷之间临风而立的老松树，更有了一次新的感悟。当松风阁的建设者恳请他为高大雄伟的松风阁题名时，他当即挥毫书写了"松风阁"三个苍劲的行书大字。

黄庭坚给西山松风阁命名之后，武昌城中有几位读书的士子，仰慕他的诗词歌赋和书法艺术。虽然他们手头拮据，但他们崇拜黄老先生的道德文章，几人商议，决定请黄老先生喝酒，为他接风洗尘。那天，他们买了些酒菜，盛情邀请黄庭坚到松风阁中饮酒，一来酬谢黄庭坚的"墨宝",二来想当面向黄庭坚讨教诗文知识。

那天晚上,黄老先生同武昌城中的士子们开怀畅饮,海阔天空,谈诗论文,不觉夜深人静。不料,此时突然下起了雨,黄庭坚等人不得不夜宿松风阁中。

夜深时分,酒意朦胧的黄老先生毫无睡意,他信步二楼廊外,凭栏远眺,但见松风习习,竹雨潇潇,回想起自己眼前的处境,不禁诗兴大发,一首《武昌松风阁》诗,脱口而出:

> 依山筑阁见平川,夜阑箕斗插屋椽。
> 我来名之意适然。
> 老松魁梧数百年,斧斤所赦今参天。
> 凤鸣娲皇五十弦,洗耳不须菩萨泉。
> 嘉二三子甚好贤,力贫买酒醉此筵。
> 夜雨鸣廊到晓悬,相看不归卧僧毡。
> 泉枯石燥复潺潺,山川光辉为我妍。
> 野僧早饥不能饘,晓见寒溪有炊烟。
> 东坡道人已沉泉,张侯何时到眼前。
> 钓台惊涛可昼眠,怡亭看篆蛟龙缠。
> 安得此身脱拘挛,舟载诸友长周旋。

自古以来,历尽沉浮,命运多舛的人,常常能写出刻骨铭心的好诗词。比如三闾大夫屈原,含悲远走,上下求索,尽得离骚之痛;比如南唐后主李煜,被俘后如虎落平川,繁华落尽,只剩"故国不堪回首月明中";比如痛失夫君的李清照,一个孤独幽怨的女子,帘卷西风,与花比瘦,字字见愁。黄庭坚的这首《武昌松风阁》诗，有情愁，也有离愁。

诗成之后，黄庭坚磨墨挥毫，亲笔将此诗书写在砑花布纹纸上。字大二寸，纸色微黄，书法潇洒，笔峰雄劲。《武昌松风阁诗卷》，已成为中国古代书法艺术中不可多得的珍品。

他的《武昌松风阁》诗及其书法长卷，为西山定格成了一道永恒的文化风景，千百年来，不知倾倒了多少文人墨客和访古探幽者！

关于此诗的成因，《黄庭坚诗集注》认为是"崇宁元年九月甲申，系舟樊口题"。这种观点从逻辑上是说不过去的，因为"九月甲申"松风阁尚未命名，怎么能有以"松风阁"为题的《武昌松风阁》诗呢？其实，《武昌松风阁》诗中，有关写作地点问题，已有明确交代。从"嘉二三子甚好贤，力贫买酒醉此筵。夜雨鸣廊到晓悬，相看不归卧僧毡"等诗句看，此诗当作于松风阁中。

仁者乐山。黄庭坚对鄂州西山可谓情有独钟，这一片山水，给了他诗词创作和书法创作的灵感。他寓居鄂州期间，无数次到西山访古探幽，或与西山寺高僧谈佛论经，或到松风阁作诗写字。他每次写完字后，总是到西山寺外菩萨泉下的一个大水池中涮洗笔砚。久而久之，水池中的清水变成了黛绿色。后来，鄂州人便把这口水池称为"洗墨池。"

《松风阁诗卷》问世之后，经宋、元、明、清辗转流传，几经易手。宋朝为向民收藏，后落于贾似道手中。明代被项元汴收藏，清代被安岐收藏，而后又入清内府收藏。1948 年底，蒋介石败退台湾时，他请历史学家傅斯年将中国大陆最具文化价值的文物珍品列了一个清单，然后命人打包装箱，用飞机运往台湾。其中，从北京故宫运走了大量的名贵书画作品到台湾。《松风阁诗卷》

与苏东坡的《黄州寒食帖》、黄公望的《富春山居图》等书画珍品，于此时被运到台湾，现藏于台北故宫博物院。

一天晚上，黄庭坚站在武昌城北的长江之滨，隔江眺望黄州，期望着好友张耒尽快过江来与自己相见，与他畅叙情怀。

这时，一轮明月倒映在长江的水面之上，明月无语，江流有声。此情此景，勾起了他满肚子的话找不到知心人倾吐；自己的命运拿捏在他人手中，任人宰割的无奈，不禁心潮起伏，思绪万千，临风吟道：

万里沧江月，清波说向谁。顶门须更下金槌，只恐风惊草动，又生疑。

金雁斜妆频，青螺浅画眉。庖丁有底下刀迟，直要人牛无际，是休时。

在鄂州寓居期间，黄老先生为排遣心中的烦闷，他或与高僧话禅，或与当地的文友结伴出游，寄情于山水之间。

在西山寺，他与高僧共话净土禅宗，交流净土的念佛法门。所谓净土法门，为东晋高僧慧远所创，慧远曾在西山寺挂锡布道，创净土禅宗。此时的黄庭坚，对净土宗"心净则佛土净"的禅机尤为心仪，他想通过心性的修炼，降服心生的烦恼。

有一天，贬谪黄州的老友张耒（字文潜，松风阁诗中提到的"张侯"）过江来看望老友黄庭坚。

久别的挚友暮年重逢，自然是开心异常，相约同游著名的鄂州南楼。

南楼位于武昌城南门，楼下是一大拱形门，南门街道穿拱门而进出城中。

在鄂州南楼存续的一千多年时期里，历代的文人墨客，慕名而来登楼赋诗者络绎不绝，而最著名的要数唐代大诗人李白的《陪宋中丞武昌夜饮怀古》诗：

> 清景南楼夜，风流在武昌。
> 庾公爱秋月，乘兴坐胡床。
> 龙笛吟寒水，天河落晓霜。
> 我心还不浅，怀古醉馀觞。

黄庭坚、张耒二人在南楼上，看到李白这首刻在石上的豪放诗，连称好诗。

此时正值盛夏时节的一天晚上，天气非常闷热。黄、张二人从楼堂来到外面的回廊，顿觉凉风扑面而来。黄庭坚凭栏远眺城南的南湖，但见湖面荷花点点，荷叶翩翩，荷花的清香借着南来的风飘到了南楼，令人心旷神怡。黄庭坚一口气吟出了《鄂州南楼书事》四首，其中第一首为传世名篇，而且历代蒙学读本都选入了此诗：

> 四顾山光接水光，凭栏十里芰荷香。
> 清风明月无人管，并作南楼一味凉。

以下三首诗曰：

> 画阁传觞容十客，透风透月两明轩。

南楼盘礴三百尺，天上云居不足言。

势压湖南可长雄，胸吞云梦略从容。
北船未尝睹巨丽，复阁重楼天际逢。

武昌参佐幕中画，我亦来追六月凉。
老子平生殊不浅，诸君少住对胡床。

黄庭坚对鄂州南楼十分偏爱，崇宁二年，他多次登上南楼，或赋诗，或抒发心中的烦闷，或感知人生的快意，或盛赞南楼的景色和人文。

《南楼画阁观方公悦二小诗戏次韵》诗云：

十年华屋网蛛尘，大旆重来一日新。
五凤楼前修造手，个中馀刃亦精神。

重山复水绕深幽，不见高贤独倚楼。
手拂壁间留恨句，凌波微步有人愁。

《庭坚以去岁九月至鄂，登南楼，叹其制作之美，成长句，久欲寄远，因循至今，书呈公悦》一诗云：

江东湖北行画图，鄂州南楼天下无。
高明广深势抱合，表里江山来画阁。
雪延披襟夏簟寒，胸吞云梦何足言。

庾公风流冷似铁，谁其继之方公悦。

黄老先生在鄂州寓居的时间虽然仅一年有余，但他在鄂州留下了《武昌松风阁》诗、《武昌松风阁诗卷》、松风阁遗迹等顶尖级的文化瑰宝，为鄂州赢得了美誉。

蓦山溪

鸳鸯翡翠，小小思珍偶。眉黛敛秋波，尽湖南、山明水秀。娉娉袅袅，恰似十三余，春未透，花枝瘦，正是愁时候。

寻花载酒，肯落谁人后。只恐远归来，绿成阴、青梅如豆。心期得处，每自不由人，长亭柳，君知否，千里犹回首。

——黄庭坚《蓦山溪》

崇宁二年（1102 年）十一月，五十九岁的黄庭坚在鄂州接到了贬谪他去宜州的公文。他打点起行装，准备踏上去宜州的路程。

中国的文字狱，在世界上绝对是最严重的，古往今来，无数的文人墨客在文字犯讳上栽了跟头，有的流离失所，有的家破人亡。

北宋时期，黄庭坚无疑是最倒霉的一人。倒霉就倒在他不该写那篇《承天院塔记》；倒霉就倒在他遇上了陈举这种混账官员和赵挺之等心胸狭窄的墨吏。

陈举在《承天院塔记》中检举黄庭坚的一段文字是：

> ……观天下财力屈竭之端，国家无大军旅勤民丁赋之政，则蝗旱水溢，或疾疫连数十州，此盖生人之共业，盈虚有数，非人力所能胜者耶……

联系上下文可以看出，黄庭坚的行文之意，是认为国家财力或消耗于军国大事，或水旱灾害，用于修佛寺庙宇有必要但不宜太多，根本无"幸灾谤国"的意思。可见黄庭坚获罪的原因，是陈举、赵挺之二人以莫须有的罪名强加的。

此次对黄庭坚的处罚是"除名羁管"，也就是革去官身，流放到边远地区，交由当地州府衙门监视其居住。

写到这里，使我想起了寒山与拾得的一段对话。

寒山问拾得："世间有人谤我、欺我、辱我、笑我、轻我、贱我、骗我，如何处置乎？"

拾得说："忍他、让他、避他、由他、耐他、敬他、不要理他，再过几年你且看他。"

此时的黄老先生，已到了拾得所说的思想境界。

崇宁二年深冬，黄庭坚从武昌启程，向南方蛮瘴之地宜州进发。

每次贬谪出发时，黄老先生总要赋诗一首，以壮行色。《十二月十九日夜中发鄂渚，晓泊汉阳，亲旧携酒追送，聊为短句》诗云：

> 接淅报官府，敢违王事程？
> 宵征江夏县，睡起汉阳城。
> 邻里烦追送，杯盘泻浊清。
> 只应瘴乡老，难答故人情。

从这首诗的标题来看，黄庭坚是在晚上夜深人静时从江边上船出发的，因为他不愿意碰到熟人，晚上出发，可以少费多余的辞别之语。

黄庭坚扬帆西去，日夜风雨兼程。

船过洞庭湖时，他走出船舱，站在船头，眺望水天一色，烟波万顷，顿时诗兴上来，吟道：

乙丑越洞庭，丙寅渡青草。
似为神所怜，雪上日杲杲。
我虽贫至骨，犹胜杜陵老。
忆昔上岳阳，一饭从人讨。
行矣勿迟留，蕉林追獦獠。

漫长的流放行程，加上囊中羞涩，一路上自然有些郁闷，但黄老先生想到大诗人屈原，当年身无分文，饱一餐饿一顿；还有大诗人杜甫，当年曾经沦落到靠乞讨为生的境地，自己觉得比杜甫还要略好一些，心中的郁闷也就释然了。

黄庭坚的船穿洞庭沿湘江到达潭州长沙时，遇上了暴风雪。天公不作美，他只好在长沙暂时住了下来，等候天气好转后再启程。

转眼间到了年关，黄庭坚和全家十几口人在旅店里冷冷清清地过春节，虽然他秉性乐观，但看到全家身在异乡，衣食无保障，心里仍然有些歉意，他认为是自己拖累了家人。

好在妻子石氏十分贤慧，她独自上街买了些年货，借旅店的厨房，为全家人做了一顿难得的年夜饭，使全家人在一起过了一个热热闹闹的除夕。

年饭过后，黄庭坚看到妻子仍在忙进忙出收拾碗筷，心中十分感动，觉得她嫁给自己后，苦吃了不少，至今还没有个名分。于是，他把儿子、儿媳、女儿及随行的家人叫到跟前，郑重其事地宣布，正式给予出身低微的石氏以"夫人"的名分，要儿女们从新年起，叫石氏为"姆妈"，家人称"夫人"。

在古代婚姻制度下，在妻妾成群的男权社会，女人是相当看重名分的。石氏听到黄老先生让家人呼唤她为夫人时，眼中的泪水在打转，她暗下决心要尽量做好妻子和主母的双重职责，让年近花甲的黄庭坚，晚年不为家庭生计操心。黄庭坚的苦，只有石氏最懂。身为他的妻子，他所承受的一切痛楚，她都了然于心。她不怪他。

新年正月之初，黄庭坚到长沙给朋友拜年时，不料遇上了秦少游的儿子秦湛，范祖禹的儿子范温（秦观之女婿）。元符三年（1100年），秦少游客死于潭州。此番秦湛扶丧北归，范温就近在零陵等候，二人会合后一同到达了长沙。

黄老先生在他乡偶遇老友的后辈，想起在京城经常与秦观出入苏轼家中畅谈诗词歌赋的往事，竟握着秦、范二人的手失声痛哭，随即以二十两纹银相赠。

秦湛见黄老前辈拖家带口远走他乡，更须用钱，忙辞谢道："伯父方为远行，怎么能有多余的钱相助呢？我等扶父枢归乡后，也不准备大操大办，伯父的钱，我实在不敢收！"

黄庭坚说："你父亲与我为同门师友，亲如骨肉，今死不能预殓，葬不能往送，太愧对你父亲了。"

　　秦湛见黄庭坚情深意切，只好收下。

　　正月过后，黄庭坚携家人循湘江南行，由潭州往衡州。在衡州，黄庭坚去南岳花光寺拜见名僧仲仁。

　　在花光寺，仲仁拿出苏轼、秦观过南岳留赠的诗稿，呈给黄庭坚阅读。黄庭坚目睹苏、秦二人诗作，长叹不已。作《千秋岁》词，追怀与秦少游往事：

　　苑边花外，记得同朝退。飞骑轧，鸣珂碎。齐歌云绕扇，赵舞风回带。严鼓断，杯盘狼藉犹相对。

　　洒泪谁能会？醉卧藤阴盖。人已去，词空在。兔园高宴悄，虎观英游改。重感慨，波涛万顷珠沉海。

　　仲仁虽为高僧，但不失为性情中人，他知黄庭坚远谪宜州，当即挥毫为黄庭坚画了一幅远山寒梅图。黄庭坚读画诗涌，依秦少游《和黄法曹忆建溪梅花诗》韵作诗一首：

　　……今日梅开向谁好。
　　何况东坡成古丘，不复龙蛇看挥扫。
　　我向湖南更岭南，系船来近花光老。
　　叹息斯人不可见，喜我未学霜前草。
　　写尽南枝与北枝，更作千峰倚晴昊。

　　古往今来，诗文名家所到之处，总会受人追捧、尊重。

　　离开花光寺后，沿途的州县官吏，只要听说黄庭坚到了本州县，无不以礼相待，迎进官衙，并执意小住几日。

　　附庸风雅，款待文人，是历代高官们乐此不疲地喜欢做的一件事，其目的无非是借名人之笔，弄点东西，以撑文化门面。

　　衡州知州曾敷文（字慥文）听说黄庭坚途经治地，特派属下将黄庭坚一家接到官衙，并利用职务之便，一连几天为黄庭坚举行宴会，叙说诗文。为了让黄庭坚喝酒尽兴，曾知州特地请来几个歌伎助兴。

　　衡阳歌伎陈湘，貌美可人，善解人意，擅长歌舞。不仅如此，她还是书法爱好者，柳体小楷写得相当秀丽。曾知州想现场求得黄老先生书法真迹，频频暗示陈湘给黄老先生敬酒调情。

　　中国文学史上的传世之作，常常离不开良辰美景、美酒佳人和知己好友。若无良辰美景相对，何以有惊人妙语与之相映？无美酒佳人相佐，性情何以渐至高昂甚至亢奋？若无知己好友在侧，何以举杯相邀共语之人？

　　年届花甲的黄老先生垂垂老矣，他听了陈湘夜莺般的歌声，又眼见得含情脉脉的少女载歌载舞，再度燃起青春的热焰。一听，再听，三听，手舞之，足蹈之，吟唱之，一唱三叹，本已平静的心境，不觉泛起了涟漪。对于风烛残年的黄大诗人，他的人生中最珍贵的时光，已经流淌殆尽，而眼前这位妙龄美女，在他人生的长河中，却激起了他的亢奋精神。

　　已经半醉的黄老先生抵挡不住美人的撒娇，加上甜言蜜语的温柔攻势，忍不住诗兴大发，乘兴提笔赋词《阮郎归》一首：

　　盈盈娇女似罗敷，湘江明月珠。起来绾髻又重梳，弄妆仍学书。
　　歌调态，舞工夫，湖南都不如。它年未白髭须，同舟归五湖。

一生多情的黄老先生，每当见到绝色美女，心中的怜爱之心便油然而生，即使到了暮年，他那"骑马依斜桥，满楼红袖招"的风流气派，依然不减少年。

无诗酒不雅，无酒诗不神。有酒入肚，便有激情。几杯酒下肚之后，他是醉眼迷离，满脑子装的是陈湘那风情万种的身段。他一面邀请陈湘演唱其新作《阮郎归》，以娱乐在场的嘉宾；一面展示平生绝学，当场用小楷补书词序云：

曾慥文既眄陈湘，歌舞便出其类，学书亦进。来求小楷，作阮郎归词之。

在陈湘的软磨硬泡之下，黄庭坚也想在美女面前秀一下才学。于是你有情，我有意，老夫聊发少年狂，又为她赋《蓦山溪》词一首。陈湘当即调试新声，一展平生绝技，赢得满堂喝彩。词曰：

鸳鸯翡翠，小小思珍偶。眉黛敛秋波，尽湖南、山明水秀。娉娉袅袅，恰似十三余，春未透，花枝瘦，正是愁时候。

寻花载酒，肯落谁人后。只恐远归来，绿成阴、青梅如豆。心期得处，每自不随人，长亭柳，君知否，千里犹回首。

千帆过后，云影沧桑，月在云上，她在心中。他醉在了陈湘阿娜的舞姿中。

在衡州治所衡阳停留，黄老先生遇上了绝世美人，可谓是老树发新枝，他对那些政敌攻击其好色的言论，早已抛到九霄云外。

陈湘那优美的身段和动人的歌喉，略似发妻孙兰溪的长相，深深地打动了旅途中的黄庭坚，使他一改逢场作戏的故态，在衡阳与陈湘耳鬓厮磨了好几天。

著名作家李国文先生说："文人要不风流，要不浪漫，想成为大文人，也难。"在苏东坡、黄庭坚乃至前后诸多大文人身上，这都得到了具体的印证。

黄庭坚到达宜州贬所后，陈湘的音容笑貌、纤纤玉手，仍在眼前挥之不去。情之所致，他又填了一首《蓦山溪》，并托人寄赠给念念在怀的陈湘。词曰：

稠花乱叶，到处撩人醉。林下有孤芳，不匆匆、成蹊桃李。今年风雨，莫送断肠红。斜枝倚，风尘里，不带尘风气。

微嗅又喜，约略知春味。江上一帆愁，梦犹寻、歌梁舞地。如今对酒，不似那回时，书谩写，梦来空，只有相思是。

读罢这首词，不禁使我想起了刘禹锡的两句诗："长恨人心不如水，等闲平地起波澜。"感叹的是人心容易受到干扰，生出种种杂念。只要你能去除杂念，心灵的明镜就会被重新擦亮。自然万物的生生灭灭，社会中的乱哄哄，你方唱罢我登场，都清晰地映现在心中，我们的本心就像神奇的镜子，照出事物虚幻的本性。

虞美人

天涯也有江南信，梅破知春近。夜阑风细得香迟，不道晓来开遍、向南枝。

玉台弄粉花应妒，飘到眉心住。平生个里愿杯深，去国十年老尽、少年心。

——黄庭坚《虞美人》

由衡州山路向西行百十里，便进入了唐代大散文家柳宗元《捕蛇者说》所写到的永州地界。

三月上旬，黄庭坚过祁阳达浯溪。浯溪在祁阳南五里，流入湘水。此地碧水淙淙，怪石嶙峋。唐代诗人元结在此吟咏的《大唐中兴颂》，后由大书法家颜真卿书写，刻在浯溪崖石之上。

摩崖俗称碑，这里有许多名人手迹。黄老先生忘情于此地风景名胜，流连于摩崖石刻。因为对书法艺术的热爱，一连三天，他盘桓于崖边，反复欣赏揣摩，久久不忍离去。见过同门诗友秦观所书张耒的碑迹后，应众人之恳请，他当时作了一首长篇七古《书摩崖碑后》。他在诗前题记中感叹曰："老矣，岂复能文，强作数语，惜秦少游已下世，不得此妙墨刻之崖石耳。"他即兴而作的这首七言古诗，被后人视为传世的经典诗歌之一，广为后人传诵。诗云：

春风吹船著浯溪，扶藜上读《中兴碑》。
平生半世看墨木，摩挲石刻鬓成丝。
明皇不作苞桑计，颠倒四海由禄儿。
九庙不守乘舆西，万官已作鸟择栖。
抚军监国太子事，何乃趣取大物为。
事有至难天幸耳，上皇蹢躅还京师。
内间张后色可否，外间李父颐指挥。

南内凄凉几苟活，高将军去事尤危。

臣结春秋二三策，臣甫杜鹃再拜诗。

安知忠臣痛至骨，世上但赏琼琚词。

同来野僧六七辈，亦有文士相追随。

断崖苍藓对立久，冻雨为洗前朝悲。

　　此诗前四句叙述游览读碑，用以点明题目；中间一大段夹叙夹议，气势雄峻，大开大合，跌宕起伏，又能曲折尽意；最后四句写当时情形，记录一同游览的友人。

　　黄老先生此诗以春秋笔法，批判了唐玄宗、唐肃宗的昏庸无能，控诉了安禄山、张皇后、李辅国的祸国殃民，感叹世俗把元结、杜甫等人的真知卓见视为艺术作品。诗人吟咏的虽然是唐朝"安史之乱"的史实，其实是含沙射影，指出了宋徽宗赵佶即将面临与安史之乱相同的危局。诗中按照古文游记的章法，寓情于景，气势回荡，如暮鼓晨钟，余音绕梁。

　　黄庭坚在永州探幽访古、探亲访友，不觉数月已过，进入夏季。这一年进入夏季后不久，气候非常闷热，黄庭坚本打算将家眷安置在桂州，自己只身赴宜州，但家人一再坚持要陪同他到贬所，就像贬谪巴蜀时一样，有福同享，有难同当。不料，由于天气酷热难当，一家人到达零陵时，女眷中有好几人中暑患病。"世事茫茫难自料"，情急之下，黄庭坚采纳女儿黄睦的建议，将家眷暂时安置在零陵，托付时任县令的女婿李彦明（字文伯）、友人曾公卷代为照顾，待他到宜州安顿妥当后，再来接家眷去宜州团聚。

　　安顿好家眷后，黄庭坚形单影只，溯湘江先西行，再折向南，经沧州到达桂州治所桂林。

桂林山水甲天下，美不胜收的景色，令人遐想的旖旎风光，使喜爱山水形胜的黄庭坚，忘记了漂零之苦，贬谪之忧。于是，他在桂林逗留了数日，触景生情，赋《到桂林》诗一首：

> 桂岭环城如雁荡，平地苍玉忽增峨。
>
> 李成不在郭熙死，奈此千峰百嶂何。

在这里，他以"八桂老人"别号自居，因为他很喜欢这一方山水的清丽。

人在江湖，诗在江湖。在黄庭坚的眼里，桂林的山水是多么的美丽啊！相比他曾去过的雁荡山是有过之而无不及，可惜北宋著名的山水园林画家李成、郭熙已离开了人世，还有谁来描绘这千峰百嶂呢？

黄庭坚在桂林游览了许多风景名胜，留下了诸多佳话。而今，桂林市内榕湖旁有一株古榕树，是黄庭坚当年系舟的地方，后人到此建有榕溪阁，又称榕树楼，遗址在今榕荫亭处。

崇宁三年（1104年）五月中旬，历尽万水千山的艰难跋涉，年已花甲的八桂老人黄庭坚老先生，终于到达了他人生旅途的最后一站宜州。

宋时的宜州，行政首脑机关在龙水（今广西宜州市）。这是一座群山环抱的小城。龙江自西向东宛然依城而过，向称古百粤未开化的瘴蛮之地。

黄庭坚旅途劳顿之后，在城郊租了一处清静之所居住。这个房子，是当地一位黎姓秀才的，黎秀才深知黄庭坚的书法有增值的潜力，所以乐意租赁，好借机索几幅字。

到达宜州贬所之初，黄老先生想和当年在蜀中一样，找一个较为清静的地方安身。他的身边，摆着《庄子》《老子》和佛学经典，读得异想天开，忘乎所以。有时兴趣来了，寄情于山水之间。但是，他忘记了自己此时的身份，与贬谪蜀中时有所不同，如今是罪加一等的处罚。所以他擅自租住的黎秀才的房子，当地官府并未允许。作为戴罪监管之人，必须受地方政府的监督管制，不得擅自脱离官府的监控范围。到了同年十一月，官府勒令他搬回城中。

胳膊拧不过大腿。他只好在城南另租了一处房屋居住，并命名为"喧寂斋"。

黄庭坚初到宜州，由于人地两生，当地官府照章办事。他被迫搬家后，难图清静，心中虽然有些想法，但他只能听天由命。

他给自己的宅子命名喧寂斋，实则是"喧"而不"寂"。因为此宅靠近集市，商贩的叫卖声一天到晚嘈杂纷乱。好在他能在闹中求静，泰然处之。

人生有起有伏，有喜有悲，谙于此道的黄庭坚早已看破。闲来无事，他用三文钱买了一支劣质鸡毛毛笔，在诗词的天地中寻找寄托，在书法的海洋里抒发豪情。

此时，书法技艺臻于精妙的黄老先生，穷不坠青云之志，在生命的最后时日，用再平常不过的劣质毛笔，创作了大量惊艳后世的书法精品，为中国古代书法殿堂，增添了耀眼的瑰宝。

"独在异乡为异客"的黄庭坚，垂暮之年远离故乡，远离亲人，孑然一身，处境窘迫，愁绪之情难免不在心中滋生。

十年的贬谪与行走，往事历历在目，使得他深深陷入诗事、情事与人事之中，不能自拔。追忆逝水年华，或许成了他寂寞行走中唯一可以排遣心境的，他在《和范信中寓居崇宁遇雨二首》（其一）中的两句诗，道出了心中的苦闷：

> 遣闷闷不离眼前，避愁愁已知人去。

时日的流逝，对于喜悦抑或是悲哀的人，都是一样的。转眼之间，时光到了崇宁三年的冬天。

一个一个地送走阴阳相隔的亲人和朋友，一身病体，老迈穷困，在生活屡遭打击面前，黄庭坚没有倒下，他有钟爱的诗歌。怀着宗教般的意志，他继续写诗填词，殚精竭虑，写世事、时事、人事，写苦愁、穷愁、乡愁。

已经渐渐习惯宜州困苦生活的黄庭坚，心情逐渐平和了下来。一天早晨，他信步来到城外，看到路边的梅花在含苞待放，香气氤氲。他急忙上前用手摘下一枝梅，像他少年时一样，放在鼻梁上使劲闻香，心想，这里的梅花开得真早啊！于是念念词，一首《虞美人》吟咏成篇：

> 天涯也有江南信，梅破知春近。夜阑风细得香迟，不道晓来开遍、向南枝。
>
> 玉台弄粉花应妒，飘到眉心住。平生个里愿杯深，去国十年老尽、少年心。

宜州地近海南，去京国数千里，说是"天涯"不算夸张。到谪所居然能看到江南常见的梅花，词人当然很诧异。

"天涯也有江南信，梅破知春近。"梅破知春，这不仅是因为江南梅花多在冬末春初开放，意谓春天来临，而且是侧重于地域的联想，意味着"天涯"也无法隔断"江南"与我的联系。

"梅破"意谓梅开，一个"破"字尽得炼字之妙。东风尚未醒来的季节，梅花在枝头悄悄飘香。梅花开得这样早，这样突然，夜深时嗅到一阵暗香，词人没想到是什么缘故，及至"晓来"才发现向阳的枝头已开遍了。虽则"开遍"，却仅限于"向南枝"，不失为早梅，令人感到新鲜、喜悦。"得香"在"夜阑"时候，不及想到，是由于"得香迟"的缘故。惊喜之情，跃于纸上。

此时，这个天涯戴罪的垂垂老人，已满怀江南之春心；一个久已忘却的关于梅花的浪漫故事，如春风吹醒了他的记忆……

《太平御览》中有这样一个故事："宋武帝女寿阳公主某日卧于含章殿檐下。梅花落公主额上，成五出花，拂之不去。"这就是"玉台弄粉花应妒，飘到眉心住"的典故由来。

这个典故，不知有多少诗人、词客用过它，但黄老先生用来却有独特意味，它表现的是一位被贬的老人观梅以至忘怀得失的心情，暗伏下文"少年心"。

想起寿阳公主的故事，黄庭坚进入了角色，体味到那以梅试妆的少女娇羞喜悦的心情。这是何等浪漫的情趣！

从绍圣元年（1094 年）初次贬谪算起，到此已经整整十年，这是多么不平静的十年，又是多么沉痛的十年。十年的光景，毕竟太过漫长。身居江湖之中，远离红尘，远离庙堂，空有腹中才华，怎么打发这绵绵无期的时光？而且生活没有保障，疾病却如火中烧。古树作伴，朝霞作邻，他只能撑着病体，在破屋之中，隔着窗子望着外面寒暑易节，鸟翔于空。短暂的阅读和写作的快乐之后，常常是更加漫长的苦痛。朝朝暮暮之间，无数个不眠之夜，他白发丛生，双鬓如染。黄庭坚不能一味浪漫，一味超脱，他必须正视这个现实，虽然是无情的现实。

想到往日赏梅，对着"个里"这样的情景，总想把酒喝个够。但是现在不同了，经过十年的贬谪，宦海沉沦之后，不复有少年的兴致了。

黄老先生通过梅花，一方面，把天涯与江南，垂老与少年，去国十年与平生做了一个令人不知不觉的对比，释放了他对当局横加的政治迫害的不满，有不胜今昔之慨；另一方面，又表现出天涯见梅的喜悦，朝花夕拾的欣慰。

苦中找乐，苦中有乐，这是黄庭坚的快意人生。

十、诸将说封侯，短笛长歌独倚楼

青玉案

烟中一线来时路，极目送、归鸿去。第四阳关云不度。山胡新唌，子规言语，正在人愁处。

忧能损性休朝暮，忆我当年醉时句。渡水穿云心已许。暮年光景，小轩南浦，同卷西山雨。

——黄庭坚《青玉案》

崇宁三年（1104 年）十二月二十七日，一直放心不下二弟鲁直的黄大临，相约挚友彭次公，从永州到宜州，看望身体有病的黄庭坚。

宜州知州党光嗣（字明远），是一位以军功发迹的地方官员。他为人正直，为政清廉。黄庭坚作为苏轼的大弟子，江西诗派的宗师，当朝书法艺术名家，词坛高手，党知州当然早有耳闻，也有心想去关照一下。但作为州衙的最高长官，他认为黄庭坚初来乍到，自己便去看望治下的监管的"罪臣"，会给同僚们留下一个"不讲原则的领导"的印象。

黄大临的不期而至，正好给党知州提供了一个可以了却心愿的机会。因为，黄大临是现任袁州萍乡知县，朝廷钦赐命官。照宋代官场接待礼仪，黄知县客临宜州，党知州当尽地主之谊，为黄大临提供一切方便。

党知州作为一州之长，他不仅好酒好肉招待黄大临，而且还兴师动众，带着几乎所有的同僚下属，陪同黄大临到黄庭坚的寓所看望黄庭坚。这表面上看是给黄大临知县的礼遇，实际是在告诉部下，要善待黄庭坚。之后，党知州还多次派人给黄庭坚送来有名的含笑花，暗示黄庭坚应笑对人生。

俗话说：善有善报，恶有恶报，非也！俗话还说：善人遭雷劈，恶人做菩萨。

为人正直、为政清廉的党知州，不幸过早地病死在任所。

党氏的离世，黄庭坚十分悲痛，他为死者作《左藏库使知宜州党君墓志铭》和《代宜州党皇城遗表》，并写下了《代宜州郡官祭党守文》。黄庭坚的这三篇文章，写得字字情真，句句意切，读之催人泪下。由此可以得知，党、黄之间的相知相近，绝非泛泛之交可比。

宜州的首脑机关在龙水，是一个人口不足几千的小城。消息闭塞，民风淳朴，最高长官党知州打个喷嚏，转瞬间就会传遍全城。由于党光嗣对黄老先生的格外礼遇，无形中为黄庭坚在当地做了深度的宣传。自党氏同黄老先生交往，特别是他的那几篇悼念党氏的文章公之于众后，龙水城中及周边的读书人才知道，罪臣之身的八桂老人，原来是天朝贬谪下界的一尊真神。求知旺盛的文学青年，纷纷表示他们是有眼不识金镶玉，争先恐后上门求教。一段时间之后，在宜州境内若不知八桂老人姓甚名谁，在士人之中就会很没面子。就像今天的文学青年，不知道钱钟书、余秋雨，休谈小说、散文创作艺术技巧一样。

名人效应，自古而然。黄老先生的名气在宜州广为人们熟知之后，一大批文化人汇集到了他的旗下。这些文化人有管时当、莫疏亭、朱激、区叔时、王紫堂、袁安国、秦禹锡、叶筠元、蒋侃、唐惠宗、冯孝叔、郭子仁、郭全甫、李元朴等数十人。

宜州士人对黄老先生也十分崇敬，他们除了求教请益，还经常给他送去药品和食物，使身在异乡的黄老先生，感受到了人性的善良、民风的淳朴。

黄大临的到来，不仅带来了黄庭坚安置在永州家眷十几口人的平安消息，也极大地改善了他在宜州的生活待遇和所处环境。黄家兄弟感情深厚非比寻常，用感天动地来评说也不为过。

黄大临在宜州期间，他放着州府有人伺候吃喝拉撒的免费驿站不住，非要挤在黄庭坚那简陋的房屋中与二弟同眠。

黄大临在宜州停留期间，兄弟二人经常结伴出游。他们先后攀登了城前城后的南山和北山，秉烛探访了翠岩幽洞，还到过城西佛寺洗温泉，与寺中的老僧论佛学，与当地的乡民话桑麻、拉家常，享受淳朴民风。

快乐的时光格外容易消磨，转眼间黄大临的官假已满期，兄弟俩最终离别的日子到了。

崇宁四年（1105年）二月六日，黄庭坚在龙江十八里津为黄大临设宴钱行。他自知暮年身体多病，此一别可能永无相见之日，悲从心生，含泪在席上提笔赋七律《宜阳别元明用觞字韵》诗一首：

> 霜须八十期同老，酌我仙人九酝觞。
> 明月湾头松老大，永思堂下草荒凉。
> 千林风雨莺求友，万里云天雁断行。
> 别夜不眠听鼠啮，非关春茗搅枯肠。

　　这首以"觥"字为韵的手法，是黄氏兄弟之间相唱和专用的诗韵。

　　此诗写得缠绵悱恻，读之令人潸然泪下。

　　"霜须八十期同老"，据黄庭坚自注，"术者言吾兄弟皆寿八十"。因此在临别之际兄弟举杯相祝，期待着暮年能同老故乡，守望相随。由此也自然想到了家乡的风物，但鸿雁断行似的生离死别，又使人长夜难眠。黄老先生预感到有生之年兄弟恐再难相聚了，"术者"的算卦吉签不过是画饼充饥，从来当不得真的。

　　黄大临看了二弟的觥韵诗，含泪即席作《青玉案》词一首，抒发离别之情：

　　千峰百嶂宜州路，天黯淡，知人去。晓别吾家黄叔度。弟兄华发，远山修水，异日同归处。

　　樽罍饮散长亭暮，别语缠绵不成句。已断离肠能几许？水村山馆，夜阑无寐，听尽空阶雨。

　　黄庭坚读罢兄长的词作，肝肠寸断，老泪纵横，泣不成声。回到贬所之后，他和其韵作《青玉案·至宜州次韵上酬七兄》词一首：

　　烟中一线来时路，极目送、归鸿去。第四阳关云不度。山胡新啭，子规言语，正在人愁处。

　　忧能损性休朝暮，忆我当年醉时句。渡水穿云心已许。暮年光景，小轩南浦，同卷西山雨。

兄弟俩在"劝君更尽一杯酒"的《阳关曲》的凄凉中,依依惜别。

"极目送、归鸿去。"看到兄长远去的背影,心里充满了惆怅、牵挂。文人的惆怅,有许多其实是一种哭泣与无奈。

诉不尽的相思,唱不完的离愁。原来,相见总是为了别离;原来,别离总是永恒的主题。

黄大临别过二弟之后,在当天暮色苍茫的旅途中跋涉,回想起与二弟挥泪而别的场景,后来他收到黄庭坚寄来的"至宜州次韵上酬七兄"词后,又作了一首《青玉案》:

行人欲上来时路,破晓雾,轻寒去。隔叶子规声暗度。十分洒满,舞茵歌袖,沾夜无寻处。

故人近送旌旗暮,但听阳关第三句。欲断离肠余几许,满天星月。看人憔悴,烛泪垂如雨。

"故人近送旌旗暮,但听阳关第三句。"他把对二弟的思念都融入了这首《青玉案》词中。漫漫长夜,难以入睡,只好披衣起床,点亮蜡烛,看一眼弟弟那憔悴的画像。此时,风从窗户进入,顿时,"烛泪垂如雨"。短短五个字,尽透他的思弟之情。

一个人应当怎样与周围的人相处,方法无疑是重要的因素,但比方法更重要的是品德;只有品德高尚的人,才能真正拥有和谐的人际关系。

由于黄庭坚有高尚的品德,又对人特别的友善,又喜欢结交朋友,崇宁四年后,他的朋友越来越多,不仅有文化人士,也有州府官吏;不仅有商界生意人,也有山野村夫;不仅有寺庙高僧,也有学龄儿童。因此他小小的宅子,常常是人满为患,问这寻那,令他应接不暇。但是，他不仅没有怨言，而且总是笑哈哈地把客人迎进送出，极为客气。

当时，有个名叫余若著的官吏，他让两个儿子余滋、余浒从学黄庭坚，执诸生礼。

一天，余氏兄弟请黄庭坚写《范滂传》。黄庭坚点头同意。他默诵片刻后，将范滂传全文写出，仅有两三个疑误字。余氏兄弟叹服说："先生高才，世所罕有！"黄老先生说："《后汉书》不可能全记，但范滂等传，岂可不熟记！"

默写《范滂传》，反映的不单是黄庭坚渊博的知识和惊人的记忆力，更重要的是反映了他毕生所努力追求的人生境界。

《后汉书》中记载的范滂是一代名臣，以反对宦官专权误国而青史留名。汉灵帝时兴党锢之祸，大肆搜捕"党人"，范滂镇定自若去投案，其官与之诀别说："汝今得与李（膺）、杜（密）为齐名，死亦何恨！"

黄庭坚小时候喜读汉书，范滂是他最为崇拜的偶像之一。

苏东坡小时候也视范滂为自己的精神偶像。苏轼九岁时，其母程氏教他读《后汉书·范滂传》。一天，小苏轼对母亲说："我长大后要做范滂这样舍生取义的人，你愿意不愿意？"母亲回答道："你若能做范滂，难道我不能做范滂的母亲吗？"

你以什么样的人为榜样，就能成为什么样的人物。

早在少年时代，黄庭坚就将《范滂传》背得滚瓜烂熟。在暮年的逆境中，他以如椽之笔书之，既是自励，也是明志，表露其内心对邪恶政治势力的愤慨。他一生迭遭党争之祸，但他"威武不能屈"，像范滂一样坚守道义，始终如青松傲雪。

黄庭坚在宜州所写的作品除《范滂传》外，还有《李白忆旧游诗》《致齐君牍》《朝夕相会帖》《致德与贤友札》等书法艺术精品，在宜州的文化史上留下了浓墨重彩的篇章。

中国古代文人非正常死亡中，绝大多数是因为"祸从笔出"的。因为文人的情感细胞较普通人丰富，他们路见不平，好激情写诗、作文予以讽刺。

黄庭坚在黔州时，有人送了他一幅画。画面上两只飞舞的蝴蝶被蜘蛛网粘住，悬在蛛网上挣扎，下面聚集着一群眼馋的蚂蚁。

可是，骨子里的清高，加上贬官的经历，使他对世态有了更深的理解。性格中的冲动因子又隐隐上来，不说出来心里难受。于是，他在画上题了一首六言诗：

蝴蝶双飞得意，偶然毕命网罗。

群蚁争收坠翼，策勋归去南柯。

美丽的蝴蝶不幸遭难，蜘蛛、蚂蚁之辈得利。黄庭坚巧借"槐安国"的典故，对现实社会作了辛辣的讽刺。

口是祸福之门。他性情耿直，恃才倨傲，生来一副杂文家的性格，见不得许多龌龊，尤其看不惯某些官员的趾高气昂。

这首激情式的讽刺诗，给他本来就坎坷的仕途更"摊上事儿了"。

他从巴蜀回到太平州，接着又被贬谪到宜州之后，有人将此画携入汴京，在相国寺附近的集市上销售，不料刚好被蔡京的门客买去，送给蔡京看。

蔡京不看则罢，一看便怒从心上起，恶向胆边生，他认为黄庭坚的题画诗不仅怨气十足，而且含有影射朝政之意。盛怒之下，蔡京正盘算如何重罚黄庭坚时，突然听说黄庭坚于不久前已经去世，这才不了了之。如果黄庭坚还活着，晚年的光景一定更惨。

尽管朝中的一些奸险小人，必欲置黄庭坚于死地而后快，但是，在天高皇帝远的宜州，各阶层的文化人士、地方官吏，并不买蔡京、赵挺之等人的账。他们仍然是络绎不绝地向黄庭坚索诗求字，并从各方面照顾、资助他的生活。

据黄庭坚的日记所载，仅崇宁四年八月这一个月内，同他交往的朋友有八十多人，远超过他在黔州、戎州所交往人数的总和。这些交往的朋友中有官吏、贤达、僧侣，而更多的是布衣士子和普通百姓。日记记录了他们一起出游、登山、聚餐、下棋、沐浴等社会活动。

有一天，黄庭坚与当地的文化人士同游白龙洞、天竺寺、九龙岩、龙泉等山水风景名胜，在驻足城南二里外的龙泉时，当地人说，此泉之水，比其他地方的水要重一些。黄庭坚听后半信半疑，他用木桶亲自对比测量，发现当地人的传说果然是正确的，只是没有人来验证。从此，龙泉又名重泉，并因黄庭坚的"测量"而扬名天下。

宜州是一个多民族杂居的地区，少数民族占多数。在地处边远的险要之地，北宋政府往往设立既有一定行政职能又属军事建制的寨子，寨子的主要领导称为"知寨"。当时，有好几位知寨与黄老先生联系密切，如思立寨的孙彦升、德谨寨的秦靖、普义寨的邵革等，他们几乎包揽了黄老先生的衣食物品。刚到宜州时的艰难，甚至靠卖书帖或借钱买米的现象，基本改变了。

在黄庭坚的日记《宜州家乘》中，他不吝笔墨，详细地记载了馈赠人名及赠品，意在不忘恩人，记住宜州父老乡亲的深情。

自从秦始皇开焚书坑儒之先河之后，后世的昏庸皇帝和一些把持朝政的奸臣，接过秦始皇的衣钵，不断上演这种人间悲剧。

大奸臣蔡京，他把持朝政大权之后，蒙骗昏庸的赵佶皇帝，以朝廷的文件通知全国封杀、禁毁苏东坡、黄庭坚的诗词文字，汴京城中，市面上根本买不到苏、黄二人的作品集。

庙堂之高固然可怕，江湖之远鞭长莫及。

在偏远的宜州，朝廷的禁令如耳旁风，人们在那个摇摇欲坠的朝廷背后，根本就没有把朝廷的文件当回事儿。宜州城中以及附近地区的文人学士、仕宦商人，依然故我地穿梭于黄老先生的住所，他们或切磋诗文，或求赐墨宝，使黄庭坚居住的南楼小屋，门庭若市。

今天，有许多连错别字都分不清的所谓"书法家"，道行不高价格高，他们自我吹捧，互相炒作，谁要是请他写幅字，没有五万八万的休要开口。黄老先生要是地下有知，一定会骂当今的某些"书法家"不讲江湖道义。

黄庭坚在宜州固然贫困，他从来不因自己才高名大而漫天要价，而是任凭索字者的意愿，给点润笔费即可，不给也行。他对人们索取墨宝总是有求必应，随叫随写，从无怨言。他还在南楼开门授徒，为落后的宜州教育青少年、传播先进的文化思想。他不以驰名天下的文化大家自居，而是以平等的态度接人待物，与当地士人和民众打成一片，赢得了人们的赞誉和敬仰。宜州至今还流传着一首赞颂黄庭坚的古老歌谣：

南楼施绛帐，鹤俸虽缺砚田丰。

赢得声名留胜迹，开化第一功。

原宜州黄庭坚祠还有这样一副对联：

谪粤同时亦有人，缘何定国宾州，淮海横州，不及先生绵俎豆；
作神此地原非偶，恰似龙城柳子，潮阳韩子，能令边徼化诗书。

歌谣中以黄庭坚比拟东汉的马融，称赞他在宜州不辞辛苦传播中原地区先进文化，悉心教导诸生，犹如当年马融施绛纱帐教授学生一样，推许黄庭坚在蛮荒之地开发教化上有名垂千古的"第一功"。

对联中则将他与同时代的王巩、秦观相比较，他们二人也曾贬至两广，却没有像黄庭坚那样受到民众的长久纪念，原因就在于黄庭坚为岭南的文化开发尽心竭力，以至后人将他奉为神明，与韩愈、柳宗元同受香火的祭祀。

若干年之后，宜州当地人士在重修黄庭坚祠时，通过公开征文方式，征得一首在上述歌谣基础上拓展而来的《祭祀歌》：

遗兑衣冠慷慨词，景仰一般同。苏门四学子，文章孰如公。
南方创建新奇迹，无限恩深重。南楼施绛帐，歌讽岁月延天空。
赢得盛名标显绩，开化第一功。祭祀千秋分，宜吾学界之尊崇。

岁月已远去，斯人遗形迹。

在宜州，每逢黄老先生的生辰忌日，这首《祭祀歌》就会在各种纪念活动中被人们传唱，它彰显了黄庭坚在宜州民众心目中的崇高地位。

宜州是黄庭坚人生旅途中的最后一站。在谪居宜州不到一年半的时间里，他都是寄住在南楼那简陋的小屋里，度过了他生命中的最后岁月。

也许是上苍的安排，在他生命进入倒计时之际，有一位侠客式的人物出现了，他名叫范寥，字信中，蜀中成都人。黄庭坚在戎州时与他有过书信往来，两人曾多次相约见一次面，但都由于阴错阳差的原因，一直未能如愿。

范寥不远千里从蜀中来到宜州陪伴黄庭坚，除了对黄老先生盖世才学的由衷仰慕之外，还因为他十分同情黄庭坚的坎坷遭遇。

范寥是一个年轻气盛的小伙子，他为人负才任侠、豪放不羁。他本是蜀中富家子弟，年少时不幸父母双亡，从叔父那里分得了一笔不菲的家财。因仗义疏财，好接济朋友和施舍穷人，仅一个月的时间就把钱财花光了，因此在乡里被人们视为不争气的败家子。

范寥算是一个怪才，读书不怎么用功的他参加乡试，竟然以成都第二名举人获荐送，赴京师参加进士考试却名落孙山，颇为自负的范寥，从此断了功名之心。颇似梁山泊好汉宋江的范寥，落魄时不堪一妓院老鸨的勒索，愤而失手杀人。为逃脱人命官司，他便隐姓埋名，浪迹江湖。后来，他投奔时任越州知州翟思，求为书吏。翟思见他的书法有大书法家黄庭坚的风韵，欣然同意将他收入衙中为书吏。

南乡子

诸将说封侯，短笛长歌独倚楼。万事尽随风雨去，休休，戏马台南金络头。

催酒莫迟留，酒味今秋似去秋。花向老人头上笑，羞羞，白发簪花不解愁。

——黄庭坚《南乡子》

在越州上任之前，范寥并未与黄庭坚见过面，但他拉大旗作虎皮，说自己是黄庭坚的弟子。

翟思的儿子翟公巽谙熟学界路数，私下对父亲说，我看此人眼眸贼亮，绝非泛泛之辈，不妨打探一下他的底细。一问之下，范寥并未隐瞒自己的过去，再问他研习何经，他答以治《易》《书》二经。对经学颇有研究的翟思出了五道题考问，范寥稍加思索，一挥而就，书法笔走龙蛇，文章立意高妙。翟氏父子惊为天人，留侍左右，并对其十分礼遇，视若大贤。

几年之后，翟思到了退休年龄，告老还乡丹阳，退休之前将范寥安置在州学中，并在州学教务处为其存储了一笔钱，嘱咐学校分期付给他，以免他成为"漏斗户"。

翟思回乡不久，便收到学校的来信，说自从范寥来到学校后，搅得州学鸡飞狗跳，秩序大乱，学校不堪其扰，只好违诺把钱一次性都付给了他。他拿了钱后不辞而别，不知道上哪儿去了。

爱惜人才的翟思，不禁摇头叹息。

没过多久，翟思在家乡仙逝。

那天，翟思的灵堂突然闯进一位不速之客，掩面大哭，痛不欲生。

翟家人大吃一惊，翟公巽想此人可能是范寥，出来一看，果然是他。只见他如丧考妣的哀痛之状，翟家人很是感动，并挽留他住下，好吃好喝地款待他。

没想到几天后的一个早晨，翟家人发现家中有些金银器皿不翼而飞，范寥也不知去向。翟家人都怀疑这是范寥所为。

翟家人的怀疑没有错，那些金银器皿确实是范寥离开翟家时拿去的。证据是黄庭坚离开人世时，范寥"出翟氏金银器皿尽货之，为山谷办后事"。可见范寥盗亦有道。

范寥真是一位劫富济贫的侠客！

黄老先生去世后，范寥为黄庭坚的《宜州家乘》写了一篇序言，叙述了他与黄老先生相见、相伴的往事：

崇宁甲申秋，余客建康，闻山谷先生谪居岭南，恨不识之。遂沂大江，历溢浦，舍舟于洞庭，取道荆、湘，以趋八桂，至乙酉三月十四日始达宜州，寓舍崇宁寺。翌日，谒先生于僦舍，望之真谪仙也。于是忘其道路之劳，亦不知瘴疠之可畏耳。自此日奉杖屦，至五月七日，同徙居于南楼，围棋诵书，对榻夜雨，举酒浩歌，跬步不相舍。

谪居偏僻地区的"罪臣"最难熬之事，不是生活上的艰辛，也不是生存环境的恶劣，而是独在异乡为异客，举目无亲、形单影只的孤独和寂寞。

　　黄大临辞别二弟回萍乡县后，范寥的突然到来，对风烛残年的黄庭坚来说，无疑是不幸中之大幸。行侠仗义的范寥的到来和相伴，让黄老先生在孤独的岁月中，多了一个聊天下棋、谈今说古的知音。

　　范寥的不期而至，黄庭坚喜出望外。他与范寥在宜州异地相逢，便"胜却人间无数"，两人意气相投，性格契合，很快就成为无话不谈的忘年之交。这一老一少天天形影不离，在一起或吟诗酬唱，或弹琴下棋，或参禅礼佛，或研讨学问，或游山玩水，俨然一对父子。

　　崇宁四年六月的一天，二人冒雨出游宜州城郊的崇宁寺。范寥即兴赋诗二首，感怀自己人生的况味。

　　二人回到南楼之后，黄庭坚兴致勃发，挥笔写下《和范信中寓居崇宁遇雨二首》：

（一）

范侯来寻八桂路，走避俗人如脱兔。

衣囊夜雨寄禅家，行潦升阶漂两屦。

遣闷闷不离眼前，避愁愁已知人处。

庆公忧民苗未立，旻公忧木水推去。

两禅有意开寿域，岁晚筑室当百堵。

他时无屋可藏身，且作五里公超雾。

（二）

当年游侠成都路，黄犬苍鹰伐狐兔。

二十始肯为儒生，行寻丈人奉巾屦。

千江渺然万山阻，抱衣一囊遍处处。

或持剑挂宰上回，亦有酒罢壶中去。

昨来禅榻寄曲肱，上雨傍风破环堵。

何时鲲化北溟波，好在豹隐南山雾。

在这两首和诗中，他根据范寥诗有关个人经历的描述，叙述了范寥年轻时行侠仗义、漂泊江湖后又折节读书的传奇经历，以及他不避路遥跋涉奔赴岭南的义举。

自从范寥来到黄庭坚身边后，他的心情明显好转了，在宜州的交游活动也明显增加了。这主要得益于范寥善于社交的能力。由于范寥穿针引线，黄老先生的生活圈子顿时活跃起来。

五月十六日，在范寥的鼓动策划下，李元朴置酒于郭全甫的家中，举行夏夜诗歌笔会，这次笔会有二十二人参加，名流黄庭坚、欧阳佃夫等出席了宴会。如此之多的文化人士雅集，在宜州这个落后的县城，还是破天荒的头一次。

六月十六日，邵彦明与其弟彦升，在龙水城南的龙隐洞设酒宴，这是邵氏兄弟第三次做东，举办此类以文会友的聚会。黄庭坚与范寥、欧阳佃夫，骑着借来的马一起赴宴。三人一路有说有笑，好不惬意。

到达龙隐洞后，东道主迎接，互相问候。接着，一行人点着火炬钻进山洞。

洞内石壁潮湿，道路曲折险绝，大家相互搀扶，忽上忽下，终于从南面走出了洞口，然后大家又回到东面的洞口休息，等待主人摆酒畅饮。欧阳佃夫抚琴，范寥向他学习琴艺；黄庭坚与邵彦明弈棋，并不时吟咏诗词，抒发雅兴。这种宴会，类似于今天带着煮熟的菜肴到野外游玩，边喝酒、边看风景、边叙情、边赋诗的朋友雅集之会。

阔别家乡，远离亲人，落魄时能生活在这浓浓的友情氛围之中，无疑是一种幸事。因为，朋友相聚能排遣孤独与寂寞，饮酒能冲淡内心的愁闷。

崇宁四年重阳节，范寥以黄庭坚的名义，在南楼寓所举行宴会，答谢宜州各界人士对黄庭坚的关照和优待。

面对新老朋友，黄庭坚频频举杯，催大家畅饮。酒是情绪化的物品。人生两种心境，无非悲喜。喝得有几分醉意时，他的诗兴上来了，于是撸起袖子铺纸挥笔，一首即兴之作《南乡子》，惊艳四座：

诸将说封侯，短笛长歌独倚楼。万事尽随风雨去，休休，戏马台南金络头。

催酒莫迟留，酒味今秋似去秋。花向老人头上笑，羞羞，白发簪花不解愁。

这是黄庭坚词曲人生的压轴之作，也是看淡宦海风云的绝唱。他对自己一生经历的风雨坎坷，表达了无限深沉的感慨，对功名富贵的鄙弃，抒发了纵酒颓放、笑傲江湖的旷达之情。

读罢此词，我突然想到了赵翼为元好问《题〈元遗山集〉》中的一句名诗："国家不幸诗家幸，赋到沧桑句便工。"黄老先生一路走来的家国情怀词，不仅情真句工，更是北宋末年的历史缩影。

南楼寓所还在，斯人已不见。命运多舛、体弱多病的黄老先生在宜州南楼的千年一叹，就像一排延绵不绝的惊叹音符，穿过长长的岁月，萦绕在人们心里，横亘于宋词的诸峰之上。

不妨用白话释读此词，更能品味他的心路历程：

在诸将都谈论封侯之事时，我独倚高楼，和着竹笛，放声长歌。世事在风吹雨打中悄然而逝，刘裕在重阳登临戏马台，与群臣宴会的盛景，已一去不复返了。

在座的诸君，快快畅饮不要停杯吧，酒的醇香，依然如去年的味道。花在老人头上羞笑，白发簪花并不能消解人生的忧愁。

这首把酒临风词，极富大千世界非空非有，亦空亦有的超脱，看淡世事的胸襟。黄老先生生平写有 180 多首词，其中与酒相关的词多达 64 首，占总数的 1/3，可见他对酒的嗜好。此词在宋词中，无疑是一首上乘豪放之作。

翻开《全宋词》，不难发现一个现象，词人命运多悲苦。高雅的词曲文学遗产背后，常常是椎心泣血，不堪回首的辛酸与痛苦。这几乎让人有些泄气，但读到后来，渐渐发现一个与之相伴的规律，越是身处逆境，词人越能写出惊世骇俗的佳作。他们大多人微言轻，身世坎坷，却又怀着兼济天下的志向，位卑未敢忘忧国，屡遭穷愁困厄，却痴心不改。黄老先生就是其中的代表。

崇宁四年初秋，一度被打入冷宫的元祐党人的政治生命，如初春的野草，终于出现了生机。

在朝廷那些正直的言官们一再呼吁下，皇帝赵佶下旨解除元祐党人的贬谪禁令，直到九月，那些飘零异乡的党人贬谪者，才先后接到"拨乱反正"的通知，回到内地安置。

书法和绘画艺术堪称一流的赵佶皇帝，为了粉饰危机四伏的北宋王朝，为了向世人说明他的天下是太平盛世，玩起了把艺术的想象力嫁接到政治领域的把戏，他下令铸造九鼎，制作大晟乐，同时诏告朝野，大赦天下。殊不知，再怎么作秀，也掩盖不了大宋暮气沉沉、日薄西山的结局。

久旱逢甘霖。前后贬谪近十年的黄庭坚，也在被赦之列。赦免文件上作出决定，黄庭坚由偏远的宜州移至其家眷所在的永州安置。

今天已是信息化时代，地球村时代。然而在交通闭塞、信息传递落后的宋代，朝廷的文件从汴京传送到宜州，不是三五天或十天半月就可以到达的。

天妒大才，黄庭坚没有接到朝廷的赦免文书，便在宜州因病离开了人世间。这一天是崇宁四年九月三十日，按照中国传统虚跨一岁的算法，黄老先生享年六十一岁。

一代文坛巨星，在宜州陨落。

黄庭坚在弥留之际，没有任何亲人在跟前，只有范寥陪伴在他的身边，看着他慈祥地闭上眼睛。

世界上最遥远的距离不是天涯海角，而是生死离别，阴阳相隔。

范寥看到心中崇拜的文化偶像离开人世后，悲恸不已。之后，他卖掉从翟思家偷来的金银器皿，帮助黄庭坚处理后事。

贬谪下的人生，是别样的人生。昔日在京城，在苏轼府中，歌馆酒肆，黄庭坚呼朋唤友，长醉不醒；现在风烛残年，体弱多病，远谪黔、戎、宜等州，苦痛相缠。人生截然相异的两重天地，黄庭坚体会得最为真切，这也让他拥有足够的时间，对功名利禄进行返归本真的思考。

在许多古今中外的贬谪作家中，笔下流淌着许多关于生命与人生的哲思妙语。也许，只有在贬谪中，才能够舍弃许多仕途平坦者梦寐以求、追逐不已的东西，作出许多不为常人关注的人生思索，实现大道归真。

至此，黄老先生一生的苦难被定格，他词风清奇僻苦，与他承受的苦难遥相呼应，形成了一种独特的审美意境。

黄老先生逝世后二十二年，北宋王朝的徽、钦二帝被金俘虏，北宋帝国走到了历史的尽头。南北朝的分裂在北宋靖康年再一次上演。一个王朝的背影，在历史的天空消逝。

迁都临安的南宋小王朝，赵构皇帝偏居一隅，不思进取，过着"商女不知亡国恨"的生活。诗人林升的这首《题临安邸》，道尽了当时的社会颓象：

> 山外青山楼外楼，西湖歌舞几时休？
> 暖风熏得游人醉，直把杭州作汴州。

念奴娇

断虹霁雨，净秋空、山染修眉新绿。桂影扶疏，谁便道，今夕清辉不足？万里青天，姮娥何处，驾此一轮玉。寒光零乱，为谁偏照醽醁？

年少从我追游，晚凉幽径，绕张园森木。共倒金荷，家万里，难得尊前相属。老子平生，江南江北，最爱临风笛。孙郎微笑，坐来声喷霜竹。

——黄庭坚《念奴娇》

友谊是一种无价的储蓄，在危急的时候，能产生巨大的能量。

黄庭坚的死讯，在交通闭塞和通信传递缓慢的年代，无论是朝廷，还是当时安置在永州的家眷，都需一段时日方可得知，但在边远的宜州小城，却是一件惊动全城，惊动附近百姓的大事。因为，黄庭坚在宜州已是家喻户晓的人物，虽然他是戴罪之人，但随着时间的推移，人们都认为这位花甲老人是慈祥的老人，是宜州的"文星"，是宜州人的荣光和骄傲。

黄老先生撒手驾鹤西去之日，州吏余若著带着两个儿子余滋、余洊在第一时间赶到了南楼。一阵难过悲泣之后，在范寥的提议下，四人一面商量如何为黄庭坚治丧，一面开始清点老人的遗物。

时间过不多久，闻讯而来的是宜州现任李知州、思立寨的孙彦升、德谨寨的秦靖、普义寨的邵革等三个知寨，以及黄庭坚的生前好友管时当、莫疏亭、朱激、区叔时、王紫堂、袁安国、秦禹锡、叶筠元、蒋侃、唐惠宗、冯孝叔、郭子仁、郭全甫、李元朴等数十人，都先后赶到南楼小屋，沉痛哀悼黄老先生，并与遗体告别，把本来就狭小的小屋内外挤得水泄不通。

在人满为患的小屋门前，李知州召集众人，商议黄庭坚的治丧事宜。

大家一致认为，黄庭坚是本朝首屈一指的诗文、词曲、书法大家，丧事应该隆重举行。大家形成了三点共识：

一是由宜州官衙派快马赶赴湖南永州，向黄庭坚的家人报丧，并将家眷接来宜州，参加七日后的葬礼。

二是由余若著父子负责购置一上等红柏棺木安置黄庭坚遗体，次日移灵城关崇宁寺，由寺僧做超度本生佛事。

三是在南楼上就地筹建山谷祠，传扬其在宜州的功德。

黄庭坚的葬礼，按照宜州的乡风民俗，在崇宁寺门前广场隆重举行。临时搭建的灵堂中间，安放着黄庭坚的灵柩，正上方悬挂着衡阳画僧仲仁所画的黄庭坚巨幅画像；灵柩两边悬挂满了远近州县官吏和黄庭坚生前好友撰写的挽幛、挽联；灵堂前面上方张挂着范寥书写的"斯人兮西去矣，魂魄兮归故里"的巨额横幅。

崇宁寺住持明顺主祭佛事道场，他带领十三个和尚，诵经念佛。

明顺住持庄重地祭道：

黄居士从儒、道入释，三者悉备于一身，见识学问，人品修养，出格超人。为求佛道，寻师参禅，精进勤修，定惠等持，挥写大愿，坚固道心，专志菩提，善益民众。晚年感果逆境至时，明因识果，不起爱憎，安然顺受，毫无畏缩，简居生活，随意自在。迨其生死之际，万缘放下，悠然脱去。夫茫茫宇宙，济济人群，不无智愚之别，为人一世，难免生活之关，幻身已灭，多皆无闻于世。而能留后人之永远纪念者，或道德超著，或学问济世，或功德及人，三者必具其一而后可。黄居士足为道范者，故能令后人永久纪念。

明顺大师的这篇悼词，几无遗漏地总结了黄庭坚一生的追求

和命运，与黄庭坚于元符元年（1098年）在戎州永安城楼创作的
《念奴娇》一词，可谓殊途而归：

> 断虹霁雨，净秋空、山染修眉新绿。桂影扶疏，谁便道，今
> 夕清辉不足？万里青天，姮娥何处，驾此一轮玉。寒光零乱，为
> 谁偏照醽醁？

> 年少从我追游，晚凉幽径，绕张园森木。共倒金荷，家万里，
> 难得尊前相属。老子平生，江南江北，最爱临风笛。孙郎微笑，
> 坐来声喷霜竹。

这首词意气纵横，表现了黄老先生身处逆境，"明因识果""毫
无畏缩""随意自在"的乐观情绪，反映词人宠辱不惊、坐看风
云的人生态度。作者自称此词"或以为可继东坡赤壁之歌"。

不妨用现代汉语将此词作一素描：

雨过天晴，西下的夕阳挂在山头之上。一道彩虹缀在天边的
幕布上，释放着五彩缤纷的景观。天空碧玉般澄净，谁说今晚的
余晖不灿烂？

远处的山峦如女子的秀眉，被雨水洗掉了一季的尘埃，染上
了一层浅浅的新绿，更添了一分清幽。

月亮不声不响地挂上了树梢，树叶手牵着手，却无法挡住那
柔软的月光。空气中，桂花的淡香弥漫着秋夜。

谁敢说，今夜的月光黯淡？青天万里，嫦娥栖在何处？她从
寂静的月宫偷偷跑了出来，驾乘着玉盘般的月儿，驰骋在苍穹，
碾碎了满天星星。圆月啊，你皎洁的光辉，是在为谁偏照这一坛
美酒呢？

一群谈笑风生的年轻人，追随在我的左右，清凉的晚风吹皱了我的长衫。踏着那条幽寂的小路，终于绕到了张宽夫的院落门前。此刻，浓浓的酒香，浮过篱笆墙，飘散在夜空之中。

家在万里之外，望着那轮满月，一丝哀愁，瞬间挤满了记忆。来吧，斟满手中的荷叶金杯，难得与大家一起开怀畅饮，让心中的乡愁，醉倒在这壶老酒中吧！

老夫我走遍大江南北，一生漂泊，不管是高兴还是失意，最喜欢听那临风吹奏的笛子。善于吹笛的孙彦立先生听老夫之言后，微笑着吹响了那管七孔霜竹。顿时，那悠扬的笛声，为酒席增添了美妙的气氛。

黄庭坚的这首《念奴娇》，是他人生的真实写照。有梦想、有追求、有失意、有淡定，无论得与失，喜与悲，他总是安然顺受，随意自在。

在北宋时期，令人感受最为真切的，是文化在休养生息的年代里所显现出的容纳天地自然、张扬个性尊严的精神气质。宋词对于宋人来说，已经不仅仅是一种依声填词的艺术，而是一种社会风尚，集中地表现出了生机勃勃的时代精神。在这一时期，不仅仅是词曲、绘画、书法等各种艺术，因为遇到了合适的政治、经济和文化土壤，而长势喜人、硕果累累，儒、释、道三家，也呈现一派共荣共兴的和谐格局。同一时代的欧阳修、苏轼、王安石这三个代表性的人物，也都选择了最为适合自己个性发展的人生方向，欧阳修崇儒，苏轼研佛，王安石喜道，他们在宋朝的天空中，各自画出了一抹灿烂的云霞，演绎了"文人相亲"的传奇佳话，可称为儒、释、道三教交融并进的典范。

当黄大临听说二弟去世的消息时，瞬间天旋地转，当即昏倒在地。黄家兄弟情重如山，义深似海，二弟先行离去，对于大临来说，不亚于晴天霹雳。

黄家人在慌乱中救醒昏厥的大临，他神情恍惚，欲哭无泪，口中不停地念叨着二弟的名字。暮年突遭重创，黄大临精神崩溃，万念俱灰。由于连日茶饭不思，睡不安眠，原本身体还算硬朗的他，竟一病卧床不起，苦苦熬到当年的深冬之际，在双井家中与世长辞，享年六十五岁。

黄庭坚、黄大临兄弟的相继离世，使维系黄家的两根顶梁柱坍塌，分宁双井黄家从此一蹶不振。如同苏轼的离世一样，本家的后人，都未能续写新的辉煌。

宋徽宗大观三年（1109年）盛夏之际，建昌军通判，苏门弟子苏坚相约永州蒋泓，从宜州护送黄庭坚的灵柩回归故里。他们先要经陆路抵达桂州，再溯漓江至全州，然后水陆交替行，经湘江，入洞庭，到潭州，再经平江县进入分宁县境。

苏、蒋二人冒着酷暑，一路跋山涉水，穿州过府，艰难地护送黄老先生的灵柩向分宁前行。

由于沿途都有官吏、文士和学子慕名前来祭拜黄庭坚的灵柩，因此比预定计划耽误了不少时间。经过一个多月的时日，终于抵达了分宁县境的渣津渡。

苏、蒋一行刚抵近渡口，只见河岸码头上黄相率领黄家子弟下跪行拜见大礼，并感谢苏、蒋二人道："二位叔父待黄家恩重如山，我辈没齿难忘。"

苏、蒋赶忙上前扶起黄相等人。苏坚动情地说："贤侄免礼，我和你蒋叔叔，与你父亲情同手足。我曾受令尊生前之托，今日将他的灵柩送归故里，总算了却了令尊临终的遗愿啊！"

待黄相将家父的灵柩在船上安顿好后，苏、蒋二人提出就此告辞。黄相执意不肯，并说老母亲石氏已在双井等候面谢两位恩人。苏、蒋二人难却黄相的盛情挽留，上了黄相租借的大船向双井而来。

当顺流而下的帆船抵近明月湾码头时，岸上已站满了人群。由分宁县衙大小官吏、乡里缙绅、山谷亲友、文人学子，以及数以千计的分宁百姓，肃穆地站在码头两边，迎接他们心中有史以来最杰出的伟人和乡贤，回归故里。

黄庭坚的灵柩在众亲友的簇拥下，缓缓地被抬下船，安放在河岸中央的祭台上。接着是披麻戴孝的黄家亲属上台哭灵，并向众人行跪拜答谢大礼。

鸡鸣寺住持悟顺，率众僧念过还愿经、做过法事后，主祭的分宁县令李自明邀请苏坚、蒋沨上祭台，同行鞠躬大礼，李县令代表分宁官衙，向苏、蒋二位护灵回归的义举，表示谢意。

最后，黄庭坚少时就读的高峰书院的学生，列队上台，齐声朗诵师长集体创作的《哭祭山谷魂兮归来文》。

简短而隆重的迎灵仪式之后，黄庭坚的灵柩被安葬在双井黄氏祖茔之西。从此，客死异乡的黄庭坚紧挨着母亲的坟墓，长眠故土，听松风、饮甘露，与故乡宁静祥和的田园风光相依相伴，含笑九泉。

在人生的土地上，播种与收获一样，痛苦中有喜悦，喜悦中有痛苦，从来没有只有痛苦的播种，也从来没有只有喜悦的收获。

南宋建炎三年四月，宋高宗赵构解除元祐党禁，举行仁宗法度，录用元祐党籍。那些被打入冷宫的元祐党人，活着的官复原职，死去的平反昭雪，追加恩泽。

　　赵构十分崇尚黄庭坚的诗文和人品，尤其喜爱他的书法作品，时距黄庭坚去世二十四年之后，他推翻了强加给黄庭坚身上的种种不实之词，恢复了他的所有名誉。

　　应了一句佛语：一即一切，一切即一。

后 记

在我的心中，黄庭坚先生是一代文化宗师。他的诗文、词曲、书法，在中国文化史上，无疑是三座高峰。据我了解，目前，对黄庭坚先生的诗和书法研究，以及文化思想的研究，取得了可喜的成果，而对于词曲的研究，仅见只言片语，这不能不说是一个遗憾。

我写《黄庭坚词传》，其根本用意就是想通过词来解读黄庭坚先生的心路历程，并对黄词的本义进行探索。

诗无达诂。对黄词的释读，我不敢说十分准确，只能说是见仁见智罢了。在写作本书时，我参考了前人的研究成果，主要参考了程效先生的《黄庭坚传》，马兴荣、祝振玉二位先生的《山谷词校注》，在此表示深深的感谢！

书稿完成后，是我的妻子纪春花帮助录入电脑的；书稿在修改的过程中，也是她逐字逐句在电脑上完成，并不时就文稿的修改提出了许多建设性的意见。在此一并感谢！